EL SEÑORIO SE APRENDE EN CASA

Civismo, buenas costumbres y etiqueta

Carmen Cecilia Díaz de Almeida

Diseño de Portada: *Fredy Martínez. Primera Edición Impresa 2008, Colombia. Primera Edición Digital 2017, Estados Unidos. Derechos reservados de la autora. Copyright © 2017*

CARMEN CECILIA DIAZ DE ALMEIDA

Carmen Cecilia Díaz de Almeida, autora y artista colombiana. Nacida en Piedecuesta (Santander). Ha publicado 32 libros de cultura, costumbres, sabiduría popular y folklore colombiano. Reconocida por la UNESCO y la Gobernación de Santander como "Patrimonio Cultural Viviente", por sus aportes e investigaciones con el objetivo principal de conservar y transmitir la tradición oral, sabiduría y folclor colombiano, despertando el sentimiento de identidad, continuidad y así promover el respeto a la diversidad cultural y creatividad humana.

Intelectual comprometida con la Docencia-Educación y la Investigación de la Tradición Oral y Cultura en la región de Piedecuesta, Santander. Asesora en Universidades, Conferencista y Radio-locutora.

Realizó estudios profesionales de Historia de Colombia en la Universidad Industrial de Santander UIS, de Filosofía y Letras en la Universidad de Santo Tomás de Aquino, de Español y de Literatura en la Universidad de Pamplona. Hizo sus estudios primarios y secundarios en el Colegio de La Presentación de Piedecuesta y en la Escuela Normal Superior de Bucaramanga, allí obtuvo el título de Maestra Superior. Está casada y tiene dos hijos.

TAMBIEN DE CARMEN CECILIA DIAZ DE ALMEIDA

Colección Tradición Oral Colombiana:
A calzón quitao (1992)
Los pregones de mi pueblo (1994)
El Trabalengüero (1997)
Cuentos de miedo (1998)
Cualquier parecido es mera coincidencia (1999)
Coplas, refranes y dichos para niños (1999)

Sabiduría Popular Colombiana:
Secretos caseros de nuestras abuelas (1990)
Recuerdos de mecedora (2008)

Colección Vivencias:
Los sentimientos no se compran en la tienda (2003)
Mensajes para fechas especiales (2004)
Sentir, asombrarse y vivir (2005)
Trocitos de paz (2005)
Las siete gracias de la felicidad (2010)

Colección de Cívica y Urbanidad:
El señorío se aprende en Casa. Civismo, buenas costumbres y etiqueta (2008)

Colección Poemas:
A través de la luz (2002)

Libros publicados por la Editorial San Pablo:
Comunícate (1992)
Refranes y otras cosas de la ilustre Villa del Garrote (1995)
Secretos manuales para embellecer el hogar (2001)
Cuentos para niños de 1 a 100 años (2003)
Un mensaje para mí (2009)
No pierda el impulso (2009)

CONTENIDO

Dedicatoria
PROLOGO_____9
1. EL SEÑORIO SE APRENDE EN CASA_____11
1.1. SIMBOLOS DE COLOMBIA_____11
1.1.1. BANDERA DE COLOMBIA_____11
1.1.2. ESCUDO DE COLOMBIA_____17
1.1.3. EL HIMNO NACIONAL_____21
1.1.4. OTROS EMBLEMAS NACIONALES_____29
1.2. FUNDAMENTOS DE CIVICA_____33
1.3. DERECHOS DEL HOMBRE Y DEL NIÑO_____57
1.4. DEBERES MORALES DEL HOMBRE_____73
1.5. URBANIDAD_____79
1.6. PROTOCOLO Y ETIQUETA_____99
1.7. COMUNICACIONES_____109
1.8. ACCION DE TUTELA_____131
BIBLIOGRAFIA_____135

Dedicatoria

Reconocimiento a **Gonzalo Prada Mantilla,** que con sus ideas engrandeció este libro.

PROLOGO

"El hombre tiene derechos en cuanto tiene deberes
y tiene deberes en cuanto tiene derechos."
G.W.F. Hegel

Uno de los rasgos más trascendentales de la vida contemporánea es la presencia sistemática de crisis en todos los órdenes, ya sean económicos, sociales, políticos, culturales y morales en la mayoría de los países y son más notorios en lugares donde se presentan conflictos armados entre naciones o guerras fraticidas al interior de un mismo estado.

Frente a este panorama, la mejor opción es la educación que propenda por la recuperación de los valores humanos universales y la búsqueda de la justicia social que nos asegure una convivencia pacífica permanente.

Como pedagoga insigne y conductora por muchos años de una juventud que encontraba en sus clases paz interior y el convencimiento de que amor y buenos tratos logran mejores resultados que una política coercitiva, fue recopilando paulatinamente sus apuntaciones para recrear una cátedra que poco a poco ha perdido vigencia en el mundo infantil y juvenil: "La instrucción cívica y urbanidad".

Hacia esa meta nos conduce precisamente el libro "El señorío se aprende en casa". Se trata de un sencillo y práctico manual, descomplicado y actual que propone una serie de pautas de comportamiento en los diversos entornos de la vida diaria para que la niñez y la juventud especialmente y todos los lectores en particular, podamos formarnos como verdaderos ciudadanos.

El señorío como lo define el Diccionario de la Real Academia Española es la "gravedad y mesura en el porte y las acciones", se opone a lo vulgar que es impropio de personas cultas y educadas". Por lo tanto, El señorío se aprende en casa, como la primera y más importante escuela de convivencia, donde se plantean los primeros conceptos de espacio, tolerancia, respeto y muchos valores más que caracterizan el comportamiento social y actitudinal de una persona como lo afirma el gran escritor Richard Bach: "El vínculo que une a la familia no es de sangre sino de respeto y goce mutuos".

El libro "El señorío se aprende en casa" ha venido a llenar un sensible y notorio vacío en la educación colombiana ya que su autora Carmen Cecilia Díaz de Almeida, a quien podríamos llamar maestra de maestros, nos conduce en forma sencilla y amena por los senderos de la recuperación de valores patrios, comportamientos y conocimiento pleno de nuestros deberes y derechos.

En esta obra dirigida a los padres, a los hijos, a educadores y miembros de la sociedad, encontraremos elementos prácticos sobre cómo debemos comportarnos para recuperar la paz interior que será reflejada en una auténtica paz exterior, en la construcción de una Colombia donde la convivencia pacífica nos permita anhelar junto con Martín Luther King "Hemos aprendido a volar como los pájaros, a nadar como los peces, pero no hemos aprendido el arte de vivir juntos, como hermanos".

Germán Gómez Monsalve
Licenciado Especialista en literatura hispanoamericana, crítica y docencia.

1. EL SEÑORIO SE APRENDE EN CASA

1.1. SIMBOLOS DE COLOMBIA

1.1.1. BANDERA DE COLOMBIA

La Patria tiene sus insignias, que son aquellas expresiones físicas que la representan y en las cuales se reconoce su soberanía.

Son la imagen de la Patria. Su encarnación sublime es como es el retrato de la madre para el corazón del buen hijo. Son ellas: La Bandera, el Escudo, el Himno y la Constitución Nacional.

La Bandera, es el símbolo más visible de la Patria. Todos los países del mundo tienen su bandera. Cada ciudadano entre miles y miles de banderas, sabrá distinguir y reconocer su bandera nacional.

Historia

Se considera al general Francisco de Miranda como el creador de la bandera colombiana, por cuanto fue él quien en 1806 enarboló por primera vez un pabellón tricolor –amarillo, azul y rojo – en el bergantín "Leandro", durante la expedición sobre Coro y Ocumare.

Según dice el historiador Joaquín Piñeros Corpas: "Lo más probable es que Miranda, fervoroso admirador de Colón y, además, sistemático reivindicador de su nombre y de su obra, hubiera reparado en los colores heráldicos del Gran Almirante para teñir su bandera". Al efecto, los colores de Colombia no sólo coinciden con los de los cuarteles del primitivo escudo de Veragua sino con los que constituyen verdadera revelación en el fresco pintado por Lázaro Tavarone hacia 1600 en la Apoteosis de Colón, en el Palacio Belimbau de Génova. En el sur del escudo aparece un oriflama en Amarillo en el doble ancho. Esto es, que allí casi seguramente evolucionó la crisálida de nuestra bandera".

Significado de cada uno de los colores de la Bandera Nacional

El color amarillo significa la riqueza mineral y agrícola del suelo colombiano. El color azul simboliza el agua de los mares que bañan a Colombia. El color rojo simboliza la sangre derramada por nuestros antepasados en los campos de batalla para darnos la libertad.

Año en el cual se adoptó la actual Bandera Nacional:

La actual Bandera Nacional se adoptó en el año de 1834.

PROTOCOLO

El Decreto 1967 de 1991, reglamentario de la Ley 12 de 1984, que señala los deberes ciudadanos y de entidades para el uso de los Símbolos Patrios, establece en relación con la Bandera nacional:

- Es obligación izar la Bandera Nacional en todo el territorio colombiano en los edificios, casas y dependencias oficiales y particulares, en las siguientes fechas: 20 de Julio, 7 de Agosto, 12 de Octubre, 11 de Noviembre y fiesta nacional del Sagrado Corazón de Jesús. Se izará enlutada y a media asta en los días declarados oficialmente como duelo nacional, y en las ocasiones que lo dispongan expresamente el Congreso Nacional o el Órgano Ejecutivo.

- En los días de duelo nacional se iza la bandera a media asta y se le puede amarrar una cinta de color negro, cuyos extremos colgantes tendrán de longitud la mitad del ancho de la Bandera.

- Cuando la Bandera nacional se ice junto a otra, deberá quedar al lado derecho, (izquierdo mirándose de frente); cuando esté en un grupo de banderas la nacional ocupará el centro. El orden para las demás será el alfabético de los nombres en castellano de los países a que pertenecen. La primera se colocará a la derecha de la Bandera Nacional, la segunda a la izquierda, la tercera a la derecha y así alternativamente.

- Cuando se ice o arrée un grupo de banderas, se ejecutará el Himno Nacional de cada país; la Bandera Nacional debe izarse en primer lugar y arriarse de última. Se efectuará en forma simultánea el acto de izar o arriar las banderas cuando sólo se interprete el Himno Nacional de Colombia.

- Con la Bandera Nacional no podrá elaborarse ninguna clase de adornos que alteren su representatividad.

- La Bandera Nacional deberá ser usada por las misiones diplomáticas Colombianas en las instalaciones que ocupen dentro de territorio extranjero, de acuerdo con los convenios que se establezcan con el respectivo país.

- La Bandera Nacional con escudo incorporado solamente podrá ser usada por el Presidente de la República y los Cuerpos Armados de la Nación, denominándose Bandera de Guerra para este caso.

- La Bandera Nacional puede ser usada para cubrir los féretros de autoridades civiles, eclesiásticas y militares, y los de personalidades de reconocida trayectoria.

- La Bandera Nacional debe ser izada en los departamentos, en la fecha conmemorativa de su creación como entidades territoriales de la República. Así mismo en las ciudades capitales, municipios y demás localidades en los aniversarios de su fundación.

- La Bandera Nacional sólo podrá desplegarse de día.

- La Bandera Nacional debe estar siempre a la altura física requerida para que nunca toque el suelo.

El primer juramento

El 24 de marzo de 1806, la Bandera Nacional oyó el primer juramento en estos términos: "Yo... juro lealtad y fidelidad a los pueblos libres de Sur América, independientes de España y juro servirles honrada y fielmente contra todos sus enemigos y opresores. Juro observar y obedecer las órdenes del gobierno legalmente constituido, las órdenes del General Francisco de Miranda, y la de los jefes que el gobierno contrate para el Ejército de Colombia". A bordo del Leander, Bahía de Jacmel, 24 de marzo de 1806.

Jura de Bandera
Del soldado:

Soldados: Juráis a Dios y prometéis a la Patria defender esta bandera hasta perder por ella vuestras vidas, y no abandonar a vuestros jefes, compañeros y subalternos en acción de guerra y en cualquier otra ocasión?

Sí, juramos!
Si así lo hiciereis, que Dios y la Patria os lo premien. Y si no, Él y ella os lo demanden.

Del estudiante:
Juro por Dios fidelidad a mi bandera y a mi Patria, Colombia, de la cual es símbolo, una Nación soberana e indivisible, regida por principios de libertad, orden y justicia para todos (Decreto 2388 de 1948).

Oración Patria
¡Colombia, Patria mía:
te llevo con amor en mi corazón;
creo en tu destino
y aspiro a verte siempre grande,
respetada y libre.

En ti amo todo lo que me es querido:
Tus glorias y tu hermosura;
mi hogar y las tumbas de mis mayores;
mis creencias, el fruto de mis esfuerzos
y la realización de mis sueños.

Ser soldado tuyo es la mayor de mis glorias;
mi ambición más grande es la de llevar
con honor el título de colombiano y, llegado
el caso, morir por defenderte!

1.1.2. ESCUDO DE COLOMBIA

Historia

Fue nuestro primer Escudo, el decretado por el Congreso de las Provincias Unidas y ejecutado por Manuel Rodríguez Torices, en su calidad de Presidente de las dichas provincias, era acuartelado así: el primer cuartel, el Chimborazo arrojando llamas; en el segundo, el cóndor en actitud de alzar el vuelo; en el tercero, el Tequendama, y en el cuarto el Istmo de Panamá. El sobretodo, una granada abierta; el timbre un arco y albaja con flechas en aspa y una vertical; la guirnalda compuesta por granadas y ramas entrelazadas: en su circunferencia los colores de la Bandera Nacional y la divisa: "Provincias Unidas de la Nueva Granada".

Al constituirse la República de Colombia el año de 1817, por un decreto de Francisco Antonio Zea, Presidente del Congreso, se, dispuso que el escudo fuese, provisionalmente el usado por Venezuela, y éste era el de la india sentada a la orilla del mar sobre una piedra mirando en el horizonte el sol naciente y tres estrellas: la india, sostenía en una caña, el gorro frigio símbolo de libertad. La cabeza de un cocodrilo cerca de la orilla y en la lejanía una nave velera.

Por un Decreto de Santander como Vicepresidente del departamento de Cundinamarca, el 10 de enero de 1820, se usó un escudo con el águila negra, portando en la pata derecha una espada y en la izquierda una granada entreabierta; en el Jefe el globo terrestre y una línea de estrellas en número de diez, coronada por una antorcha. Arriba la divisa que dice: Vixit et vincet. Amore Patriae. Debajo la estrella de los libertadores con siete puntas.

El Congreso de Cúcuta, por la Ley 6 de octubre de 1821, dispuso el de las Cornucopias vueltas hacia arriba y derramando flores y frutas de la zona tórrida, en el centro una aljaba con numerosas flechas, de la cual sobresale una pica y de las ligaduras de la aljaba surgen tres flechas y un arco.

En 1834 el Congreso, disuelta la Gran Colombia, sobre un proyecto de escudo presentado por el doctor Alejandro Vélez, que fue muy discutido y modificado, decretó el escudo de tres fajas horizontales, en la primera en azul, una granada de oro abierta, con tallo y hojas de lo mismo y a cada lado sendas cornucopias inclinadas, vertiendo monedas la de la derecha y frutos tropicales la de la izquierda. En la del medio sobre campo de platino, un gorro frigio rojo enastado en una lanza. En la inferior, el Istmo de Panamá de azul, los dos mares de plata y un navío en negro con velas desplegadas en cada uno de aquellos. En la parte superior del escudo y sosteniéndolo, una corona de laurel verde, sujeta por el pico de un cóndor con alas desplegadas y una cinta ondulada con la divisa: "Libertad y Orden". El Escudo descansaría sobre un campo verde y a uno y otro lado las banderas nacionales.

Durante la dictadura de Melo rigió un escudo así: dos fajas horizontales, en la superior una granada entreabierta con hojas; en la inferior el Istmo de Panamá y sendos navíos de vela en los dos mares. A la izquierda del escudo, el cóndor con alas entreabiertas; a la derecha tres banderas y sobre el grupo, una estrella. Rigió desde el 17 de abril al 4 de diciembre de 1854.

Al constituirse la República con la denominación de Confederación Granadina, en vez de Nueva Granada, la Ley de 29 de junio de 1858 dispuso que continuaran usándose el pabellón y el escudo señalados por el Congreso de 1834.

El Escudo de Armas de la República de Colombia fue adoptado oficialmente por la Ley 3ª. de 1834, sancionada por el Presidente Francisco de Paula Santander y el Secretario del Interior y Relaciones Exteriores don Lino de Pombo. En 1924 el Presidente Pedro Nel Ospina dictó nuevas disposiciones sobre el Escudo, mediante Decreto 861. Las más recientes disposiciones sobre los Símbolos Patrios están contenidas en la Ley 12 de 1984, cuyo artículo tercero describe tanto la composición del Escudo Nacional, como el auténtico significado de cada uno de sus elementos.

Partes del Escudo

El escudo está formado por tres fajas horizontales; la primera, de color azul, tiene una granada de oro abierta con hojas también de oro, en memoria del nombre de NUEVA GRANADA que tuvo nuestra patria en épocas anteriores. Al lado y lado de la granada están dos cuernos de la abundancia, que simbolizan la riqueza del suelo colombiano.

En la segunda faja, que es de color platinado, se ve el Gorro Frigio que simboliza la libertad.
En la tercera faja se ve el Istmo de Panamá.

El Escudo está enmarcado entre cuatro banderas y lleva encima un cóndor con las alas abiertas, de cuyo pico pende una corona de laurel que tiene una cinta con este lema:

"LIBERTAD Y ORDEN."

Protocolo

Según el Decreto 1967 de 1991, el Escudo de Armas de la República de Colombia sólo se usará:

- En la Bandera Nacional del Presidente de la República.

- En las Banderas de Guerra.

- En los membretes de papel, sobres, etc., mediante los cuales se ventilen asuntos estrictamente oficiales.

Se autoriza esculpirlo en monumentos, iglesias, capillas, panteones o cementerios militares, cuarteles, buques, centros docentes y otros lugares, siempre que reúnan condiciones de severidad, seriedad y respeto.

1.1.3. EL HIMNO NACIONAL

Historia

El Himno Nacional de la República de Colombia se escuchó por primera vez el 11 de noviembre de 1887, durante una velada en honor de la independencia de Cartagena en Bogotá. El autor de la letra fue el Presidente Rafael Núñez, y el de la música el maestro italiano, nacionalizado en Colombia, Oreste Sindici. La partitura original fue escrita en Mi bemol para canto y piano.

La obra fue adoptada oficialmente como Himno Nacional Colombiano por la Ley 33 de 1920. Por Decreto Ejecutivo 1963 de 1946 el Gobierno adoptó las transcripciones del maestro José Rozo Contreras, que son las versiones oficiales.

Protocolo

De acuerdo con el Decreto 1967 de 1991, en ceremonias oficiales que revistan carácter patriótico tales como: Te Deum, inauguración de monumentos, estatuas, etc.; en las fiestas nacionales del 20 de Julio, 7 de Agosto, 12 de Octubre, 11 de Noviembre y del Sagrado Corazón de Jesús, al izar y arriar la Bandera Nacional se autoriza tocar el Himno Nacional y si fuere el caso, entonarlo por los colegios, escuelas y ciudadanía en general, con acompañamiento musical o sin él. Esta autorización se hace extensiva al rendir honores al Santísimo Sacramento, actos solemnes relacionados con la educación y certámenes deportivos.

Cuando suenen los acordes del Himno Nacional todos los presentes deben ponerse de pie. Los varones se descubrirán la cabeza; hombres y mujeres interrumpirán cualquier actividad que estén desarrollando y soltarán los brazos para adoptar una postura de respeto y veneración.

El Himno Nacional se compone de un coro y once estrofas, cada una de las cuales se refiere a algún suceso o personaje importante de la vida nacional. Ojalá todos aprendiéramos de memoria el Himno de Colombia.

Interpretación simbólica del Himno Nacional
Todo colombiano debe saber el Himno Nacional, desde los bancos de la escuela y cantarlo en las fiestas patrióticas y en los grandes acontecimientos nacionales. Siempre se canta de pie por respeto a la Patria.

Coro:

¡Oh gloria inmarcesible!
¡Oh júbilo inmortal!
En surcos de dolores
el bien germina ya.

El agricultor suda en días largos y penosos removiendo la tierra y siembra y cultiva con dolor. Pero goza cuando ve fructificar su cosecha porque tendrá pan en abundancia, y tranquilidad en su hogar. Tal sucedió con la patria: gracias al heroico padecer de los próceres en días interminables de las luchas titánicas, hoy gozamos de bienes inestimables a todo lo largo de la vida.

Primera estrofa:
Cesó la horrible noche
La libertad sublime
derrama las auroras
de su invencible luz.
La humanidad entera,
que entre cadenas gime,
comprende las palabras
del que murió en la Cruz.

El poeta compara los 300 años de vida colonial que Colombia vivió sometida a España, como "una noche horrible", y la libertad que alcanzó mediante la Guerra Magna de la Independencia, como la "aurora" que llena el alma de esperanza. Ve gozoso que han llegado para la patria las libertades que predicó el Divino Redentor.

Segunda estrofa:

"Independencia" grita
el mundo americano:
Se baña en sangre de héroes
la tierra de Colón.
Pero este gran principio:
"el rey no es soberano"
resuena, y los que sufren
bendicen su pasión.

Aquí se ve a toda la América revolucionada contra España. Los comuneros del Socorro dieron ejemplo en 1781, siguieron Miranda en Venezuela, en 1806, los ecuatorianos en Quito en 1809, y los granadinos en Bogotá en 1810; de allí pasó a todas partes. Por esa época ya muchos patriotas sufrían en las cárceles los castigos de sus agitaciones contra España; y todos ellos "bendecían su Pasión" o sus muchos sufrimientos.

Tercera estrofa:

Del Orinoco el cauce
se colma de despojos,
de sangre y llanto un río
se mira allí correr.
En Bárbula no saben
las almas ni los ojos
si admiración o espanto
sentir o padecer.

Dos hechos extraordinariamente heroicos aparecen aquí: la vida increíble llevada por el Ejército Libertador en los Llanos de Casanare, y el sacrificio de Atanasio Girardot en el cerro del Bárbula. El río Orinoco se llenó de cadáveres de soldados que morían gozosos por la patria, y el Bárbula mostró de qué es capaz el heroísmo americano.

Estos hechos revivieron la llama libertadora en todos los lugares donde parecía esconderse.

Cuarta estrofa:
A orillas del Caribe
hambriento un pueblo lucha,
horrores prefiriendo
a pérfida salud.
¡Oh, sí! de Cartagena
la abnegación es mucha,
y escombros de la muerte
desprecian su virtud.

Ha llegado el turno a Cartagena la Heroica. América y el mundo entero admiraron el valor constante, indomable, de nuestra ciudad costeña. Tan sólo en el famoso sitio de 1815 perecieron 6.000 habitantes, pero también cayeron 3.200 de los soldados sitiadores. No hay una fortaleza en América de más claros blasones guerreros que la Ciudad Heroica.

Quinta estrofa:

De Boyacá en los campos
el genio de la gloria
con cada espiga un héroe
invicto coronó.
Soldados sin coraza
ganaron la victoria,
su varonil aliento
de escudos les sirvió.

En Boyacá se dio la batalla definitiva: la que dio libertad a Colombia y la que infundió ánimo a toda la América Latina. Desde ese día glorioso comenzaron las victorias definitivas de los ejércitos libertadores a todo lo largo y ancho del continente. Los soldados enfermos, medio desnudos y ateridos de frío que venían en marchas forzadas desde los Llanos ardientes de Casanare, mostraron en Boyacá un valor sobrehumano. La nobleza y santidad de la causa que defendían, fueron los móviles que armaron su varonil aliento y fueron la "coraza" impenetrable en esa homérica lucha.

Sexta estrofa:

Bolívar cruza el Ande
que riega dos océanos
espadas cual centellas
fulguran en Junín.
Centauros indomables
descienden a Los Llanos
y empieza a presentirse
de la epopeya el fin.

Las puertas de América están abiertas. Nada detiene ya el valor del Ejército Patriota: atraviesa Los Andes y recorre de victoria en victoria miles de kilómetros: Carabobo, Puerto Cabello, Pichincha, Junín. En esta batalla los jinetes se parecen a "centauros indomables" y los soldados destruyen todo a golpes de lanza.

Séptima estrofa:

La trompa victoriosa
que en Ayacucho truena
en cada triunfo crece
su formidable son.
En su expansivo empuje
la libertad se estrena,
del cielo americano
formando un pabellón.

Faltaba el golpe final y se dio en Ayacucho. Allí brilló Córdoba como un sol con su formidable orden: ¡"Paso de Vencedores"! Todo el "cielo americano está libre y forma un glorioso "pabellón" para que entre a reinar el progreso, la sabiduría y la libertad.

Octava estrofa:

La Virgen sus cabellos
arranca en agonía
y de su amor viuda
los cuelga del ciprés.
Lamenta su esperanza
que cubre loza fría;
pero glorioso orgullo
circunda su alba tez.

Es un delicado recuerdo a la mujer colombiana y a su heroísmo. Madres, esposas, hermanas y prometidas siguieron con valor espartano a los soldados en sus luchas diarias. La historia ha recogido muchos nombres gloriosos como los de Policarpa Salavarrieta y Antonia Santos que murieron en los patíbulos, o como el de Simona Duque que llevó personalmente sus hijos al Libertador para que lucharan por la libertad.

Novena estrofa.

La patria así se forma
Termópilas brotando;
constelación de cíclopes
su noche iluminó;
la flor estremecida
mortal el viento hallando,
debajo los laureles
seguridad buscó.

Las Termópilas, es un célebre desfiladero en Grecia donde el rey Leónidas con 300 espartanos intentó detener el formidable ejército de Jerges en el año 480 antes de Cristo, y donde aquel guerrero murió peleando con arrojo increíble.

Esa batalla es una de las más heroicas que cuenta la historia. Con ella se equipararon los grandes hechos humanos. Pero también muestra dónde puede hallar el débil la verdadera protección.

Décima estrofa:

Mas no es completa gloria
vencer en la batalla,
que al brazo que combate
lo anima la verdad.
La independencia sola
el gran clamor no acalla:
si el sol alumbra a todos
justicia es libertad.

El poeta quiere la libertad pero en la verdad y la justicia. Sin ellas, la libertad se convierte en libertinaje y robo. Todos los colombianos deben ser iguales ante la Ley, y deben gozar de patrimonio común. La patria es para todos.

Undécima estrofa:

Del hombre los derechos
Nariño predicando,
el alma de la lucha
profético enseñó.
Ricaurte en San Mateo
en átomos volando
"Deber antes que vida",
con llamas escribió.
Termina el poeta con un recuerdo a Nariño, primer predicador de los derechos americanos; y otro a Ricaurte, héroe incomparable que dio su vida por cumplir el deber. Son los próceres mayores de Colombia, y está muy bien que con ellas se cierre el relato de los principales hechos de la patria narrados en el Himno Nacional.

1.1.4. OTROS EMBLEMAS NACIONALES

EL ÁRBOL NACIONAL

La Palma de Cera del Quindío es el Árbol Nacional de Colombia. Su nombre científico es "Ceroxylon Quindiuense". Es una palmera de imponente belleza, extraordinaria fortaleza y legendaria longevidad. Es exclusiva de Los Andes colombianos. Alcanza alturas hasta de 70 metros. Fue escogido como Árbol Nacional de Colombia por la comisión preparatoria del III Congreso Suramericano de Botánica, celebrado en Bogotá en 1949. Posteriormente fue adoptada oficialmente como símbolo patrio por la Ley 61 de 1985.

FLOR NACIONAL

La orquídea es la flor nacional. Concretamente, la variedad denominada Cattleya Trianae. Lleva este nombre en honor del naturalista colombiano José Jerónimo Triana. Fue escogida como Flor Nacional según un concepto emitido por la Academia Colombiana de Historia en 1936, aún cuando no ha sido consagrada oficialmente por ley. Es sabido que las orquídeas colombianas están señaladas entre las más hermosas del mundo.

EL AVE NACIONAL

Aunque no señalado oficialmente, siempre se ha asociado el majestuoso Cóndor de Los Andes con las glorias de nuestra patria. Él campea sobre nuestro escudo nacional. Es el ave más grande y de mayor envergadura de Los Andes. Es el que vuela a mayor altura.

Se le ha llamado "el ave eterna". Su fuerza y poderío son formidables. Se dice que recorre hasta 200 leguas en un día. Solamente vuela en los días de sol. Su plumaje es negro, con visos azulados como el acero. Y sus potentes alas están bordeadas de blanco. También es blanca su majestuosa gorguera. Habita en las más altas cumbres de la Cordillera de los Andes.

1.2. FUNDAMENTOS DE CIVICA

Cívica es el conjunto de conocimientos necesarios a todo ciudadano.

La autoridad

La autoridad ha sido establecida para preservar el orden en la comunidad, para amparar la VIDA, HONRA y BIENES de los asociados, para proteger los derechos individuales y para asegurar el cumplimiento de los deberes de los ciudadanos y del Estado.

Las principales clases de autoridad

Las principales clases de autoridad son: la autoridad Eclesiástica, la autoridad Civil y la autoridad Militar.

- La función de la autoridad Eclesiástica es la de dirigir a la Iglesia.

- La función de la autoridad Civil es la de dirigir la marcha del Estado, y regular las relaciones entre éste y los asociados.

- La autoridad Militar, cuyas funciones son la guarda del orden público y la defensa de la Patria.

La familia

Derechos y deberes de cada uno de sus miembros

La familia está formada por los padres y los hijos. Los padres tienen derecho al amor, respeto, obediencia y ayuda de sus hijos.

Los hijos tienen derecho a que sus padres los amen, alimenten, vistan, eduquen, enseñen a trabajar y den buen ejemplo.

Estos deberes de los padres y los hijos, son los inherentes a los derechos anotados anteriormente.

Ley 1098 de 2006, es la nueva Ley de la Infancia y la Adolescencia; trae cambios fundamentados en el principio de la protección integral y el interés superior del niño, niña y adolescente, porque sus derechos prevalecen sobre los de los demás.

Las diferencias del Código con relación al anterior consagran importantes avances que permiten garantizar a los niños, niñas y adolescentes colombianos sus derechos y la restitución de los mismos cuando estos sean vulnerados.

Espíritu público

El espíritu público consiste en la observancia de ciertas virtudes cívicas que no están escritas en los códigos, pero que todo hombre de bien debe practicar, para beneficio de la comunidad y grandeza de la Patria.

En la escuela se cultiva el espíritu público, con la práctica constante del civismo, la caridad, la cooperación, el cumplimiento de los deberes, y, sobre todo, con el ejemplo dado por los educadores.

El bien común

El bien común debe primar sobre el bien particular, porque siendo la comunidad el TODO y el individuo la PARTE, aquella es más importante que éste y por consiguiente merece primacía.

¿Quién ejerce la autoridad civil en el Municipio, en el Departamento y en la Nación?

La autoridad civil está ejercida así:

- En el Municipio, por el señor Alcalde, el Concejo Municipal, por el señor Juez Municipal, y en cierto grado, por el Personero y Tesorero Municipales.

- En el Departamento, por el señor Gobernador, el Tribunal Superior y la Asamblea Departamental.

- En la Nación, por el Excelentísimo señor Presidente de la República, por la Corte Suprema de Justicia y por el Congreso.

Principales deberes para con las autoridades

Los principales deberes para con las autoridades son: respetarlas, obedecerlas, acatarlas y cooperar con ellas.

Condiciones que se requieren para ser ciudadano colombiano

Son ciudadanos colombianos:

- Los mayores de 18 años, nacidos en territorio colombiano, hijos de nacionales colombianos;

- Los mayores de 18 años, que habiendo nacido en Colombia, sean hijos de padres extranjeros, siempre que éstos se hallen domiciliados en Colombia;

- Los mayores de 18 años que habiendo nacido en territorio extranjero, sean hijos de padres colombianos, siempre que éstos residan en Colombia; y

- Los extranjeros que hayan obtenido su carta de nacionalización en Colombia y sean mayores de 18 años.

Principales derechos y deberes del ciudadano

Los principales derechos del ciudadano son: derecho a la libertad dentro de la Ley, derecho de poseer bienes de fortuna, derecho de comerciar y trabajar lícitamente, derecho de elegir y ser elegido, derecho a desempeñar cargos públicos, derecho a instruirse, derecho a expresar libremente sus opiniones, etc.

Los principales deberes del ciudadano son: amar, servir y defender a la Patria; cumplir las leyes y respetar a las autoridades; votar en las elecciones; pagar los impuestos; prestar el servicio militar y respetar las opiniones de los demás.

Principales motivos por los cuales se pierde el derecho de ciudadanía.

El derecho de ciudadanía se pierde:

- Por traición a la patria.

- Por alzarse en armas contra el gobierno de una nación amiga de Colombia.

- Por haber sido condenado a pena aflictiva, en los casos que determinan la ley.

- Por destitución de un cargo público, mediante juicio criminal.

- Por delitos contra el sufragio.

- Por enajenación mental, mientras el individuo la padezca.

Acto de hacerse ciudadano de otra nación

El acto de hacerse ciudadano de otra nación se llama nacionalizarse o nacionalización en el respectivo país.

Funcionarios que ejercen el gobierno municipal

El Gobierno Municipal lo ejercen los siguientes funcionarios: el Alcalde, el Juez Municipal y el Concejo Municipal. En cierto grado también el personero y el Tesorero Municipales.

Las funciones del Alcalde

Las funciones del Alcalde son:

- Hacer cumplir las Leyes, Ordenanzas y Acuerdos en el Municipio.
- Dirigir la administración municipal.
- Vigilar la honrada inversión de los fondos públicos.
- Fomentar el adelanto y progreso del Municipio.
- Amparar los derechos de los asociados.
- Sancionar los Acuerdos que dicte el Concejo Municipal.

Las funciones del Juez Municipal

Las funciones del Juez Municipal, son las inherentes a la administración de justicia en el Municipio.

Las funciones del Personero

Las funciones del Personero Municipal, son:

- Representar a la sociedad.

- Vigilar la honrada inversión de los fondos públicos.

- Vigilar la conducta y cumplimiento de los empleados públicos.

- Fiscalizar la marcha del Poder Judicial en el Municipio.

- Propender por el adelanto y progreso del Municipio.

Las funciones del Tesorero

Las funciones del Tesorero Municipal, son las relacionadas con el recaudo de los dineros que deban entrar al Municipio, por concepto de impuestos, participaciones, donaciones, etc. y el pago de las cuentas y nóminas que deba cancelar el Municipio.

Nombramiento de cada uno de los funcionarios municipales

- Al Alcalde lo nombra el pueblo por voto popular para un período de cuatro años.

- Al Juez Municipal lo nombra el Tribunal Superior, para un período de un año.

- Al Personero lo nombra el Concejo Municipal para un período de cuatro años.

- Al tesorero lo nombra el Alcalde.

Los impuestos municipales

Los impuestos municipales son los que establece el Concejo Municipal; y sólo rigen dentro del respectivo municipio.

Los principales impuestos municipales son: Impuesto de Industria, Predial y Comercio; Delineación Urbana; Azar y Espectáculos; Circulación y Transito; Impuesto de Almotacén; Impuesto de Alumbrado; Impuesto de Acueducto; Impuesto de Aseo y vigilancia; Teléfono; Avisos y Publicidad; etc.

Principales servicios que presta el Municipio

Los principales servicios que presta el Municipio, son: aseo, vigilancia, educación, alcantarillado, alumbrado público, construcción y reparación de caminos, matadero, pavimentación, etc.

Bienes y dineros del Estado.

Los bienes y dineros del Estado debemos considerarlos como propios, ya que ellos pertenecen a la comunidad, de la cual formamos parte.

Males que causa al Estado y a la sociedad, el fraude, el contrabando y la falsificación

El fraude, el contrabando y la falsificación causan al Estado y a la sociedad, males incalculables, por cuanto sustraen fondos que se deben destinar a la búsqueda del bienestar de los asociados, desfalcan la economía nacional y retardan el progreso del país.

Finalidades que persiguen las Juntas Cívicas de Ornato y Mejoras

Las Juntas Cívicas de Ornato y Mejoras son un poderoso instrumento de progreso, ya que ellas persiguen el mejoramiento y expansión de los servicios públicos, el incremento de la educación, el embellecimiento de los barrios, poblaciones y ciudades, la defensa de la población infantil y muchas otras cosas de beneficio común.

Función de la policía y cómo debemos comportamos con ella

La función de la policía es la de hacer guardar el orden público, prevenir los delitos, hacer cumplir la Constitución y Leyes del país, proteger la vida, honra y bienes de los asociados, etc.

A la policía debemos respetarla, y prestarle ayuda y cooperación.

El Sufragio constituye al mismo tiempo un deber y un derecho

El sufragio es un deber, porque todos los ciudadanos estamos en la obligación de procurar que nuestra patria esté bien gobernada, escogiendo para ello a los ciudadanos más capacitados, rectos, honrados y ecuánimes, lo cual sólo se consigue con el ejercicio honrado del sufragio.

Es también un derecho, porque por medio del voto podemos expresar libremente nuestra opinión.

Requisitos que debe poseer el ciudadano para ejercer el derecho del sufragio

Para ejercer el derecho del sufragio el ciudadano debe poseer en regla su cédula de ciudadanía y no estar en interdicción judicial.

Elecciones directas

Elecciones directas son aquellas en que los ciudadanos votan directamente por el candidato o candidatos postulados para desempeñar los cargos, como Presidente de la República, Representantes a la Cámara, Diputados, Gobernadores, Alcaldes y Concejales.

Autoridades que son elegidas en Colombia por el voto directo de los ciudadanos

En Colombia son elegidas por el voto directo de los ciudadanos, las siguientes autoridades: Presidente de la República, Senadores, Representantes a la Cámara, Diputados, Gobernadores, Alcaldes y Concejales Municipales.

Elementos que constituyen la Patria

La Patria está constituida por su territorio y por los habitantes que nacen y viven en ella, los cuales tienen el mismo origen, hablan la misma lengua, profesan religión, practican las mismas costumbres, cumplen las mismas leyes, obedecen a las mismas autoridades y tienen un patrimonio histórico común.

Gobierno republicano, democrático y representativo

- Gobierno Republicano es aquel en que los ciudadanos pueden intervenir en la marcha del Estado, de acuerdo con la Constitución y la Ley.

- Gobierno Democrático es aquel en que los ciudadanos eligen libremente a sus gobernantes, en que todos somos iguales ante la Ley, en que se goza de toda clase de libertades y en que todos tenemos derecho de aspirar a los más elevados cargos públicos.

- Gobierno Representativo es aquel en que dentro del gobierno el pueblo tiene corporaciones como el Congreso, las Asambleas Departamentales y los Concejos Municipales, que se encargan de representar al pueblo y de velar por sus intereses.

Diferencia que existe entre sistema Federal y sistema Central de Gobierno.

La diferencia que existe entre el Sistema Central de Gobierno y Sistema Federal es la siguiente:

- En el sistema central, toda la autoridad reside en el Presidente de la República, cuyas decisiones deben ser obedecidas en todo el territorio nacional.

- El Sistema Federal cada Estado o Departamento tiene su gobierno propio, lo mismo que su legislación, siendo pequeña la dependencia del Presidente de la República.

Los tres órganos o ramas del poder público y la función de cada uno

Los tres Órganos del Poder Público son:

- El Órgano Legislativo, que se encarga de dictar Leyes, Ordenanzas y Acuerdos.

- El órgano Judicial, que se encarga de impartir justicia.

- El Órgano Ejecutivo que se encarga de hacer cumplir las Leyes, Ordenanzas y Acuerdos.

De acuerdo con la Constitución Nacional, se han establecido las autoridades de la República para:

De acuerdo con la Constitución Nacional, las autoridades de la república se han establecido para proteger a todas las personas residentes en Colombia, en sus vidas, honras y bienes y para asegurar el cumplimiento de los deberes sociales del Estado y de los particulares.

Gabinete Ejecutivo lo preside:

El Gabinete Ejecutivo es el conjunto de todos los Ministerios del Despacho, y está presidido por el señor Presidente de la República.

Nombre de cada uno de los Ministerios:

Los Ministerios son:

El de Interior y justicia, de Relaciones Exteriores, de Hacienda, de Defensa Nacional, de Agricultura y Ganadería, de Protección Social, de Minas y Energía, de Educación Nacional, de Comunicaciones, de Medio Ambiente.

¿Cuáles son las fiestas patrias en Colombia?

Las fiestas patrias son: el primero de enero, la fiesta del Sagrado Corazón de Jesús, el 20 de julio, el 7 de agosto, el 12 de octubre, el 11 de noviembre. Hay además algunas fiestas cívicas.

Ley Divina, ley Civil y ley Eclesiástica

- Ley Divina es la promulgada por Dios y contenida en los Diez Mandamientos de la Ley de Dios. La ley Divina se divide en ley natural y ley positiva.

- Ley Civil es la dictada por la autoridad competente, para regular las relaciones entre el Estado y los ciudadanos y de éstos entre sí.

- Ley Eclesiástica es la dictada por las autoridades eclesiásticas, para la mejor administración de la Iglesia.

Acuerdo, Ordenanza y Ley

- Acuerdos son las disposiciones dictadas por el Concejo Municipal, los cuales necesitan para su validez, la sanción del Alcalde.

- Ordenanzas son las disposiciones dictadas por las Asambleas Departamentales, las cuales requieren para su validez la sanción del señor Gobernador.

- Leyes son las disposiciones dictadas por el Congreso, las cuales requieren para su validez la sanción del señor Presidente de la República y ser promulgadas, y ser revisadas por la Corte Constitucional.

Ley fundamental de la Nación.

La Ley fundamental de la Nación es la Constitución Nacional.

Ministerio Público en la Nación

El Ministerio Público en la Nación lo ejerce el señor Procurador General de la Nación.

Entidades de las cuales se vale el Estado para controlar el recto manejo e inversión de los fondos públicos

Para controlar el recto manejo e inversión de los fondos públicos, el Estado se vale de la Contraloría General de la República, de las Contralorías Departamentales y las Contralorías Municipales donde existan estas últimas.

¿Cuáles son las principales rentas del Departamento?

Las principales rentas del Departamento son: Recursos propios, Impuestos departamentales, Regalías, Recursos del Fondo Compensatorio, Impuesto al consumo de cigarrillos, licores destilados, licores extranjeros, cervezas y degüello de ganado, Impuesto a juegos de apuestas permanentes, chance, loterías, estampillas, etc.

Entidad que representa en el Municipio la rama Legislativa y sus funciones

En el Municipio la rama Legislativa está representada por el Concejo Municipal y sus funciones son:

- Propender por el progreso y adelanto del Municipio y por el bienestar de sus habitantes.

- Aprobar el Presupuesto de Rentas y Gastos del Municipio.

- Administrar los servicios municipales, como acueducto, alumbrado, etc.

Nombrar Personero y Tesorero Municipales

Dictar las disposiciones que sean necesarias para la buena marcha de la Administración Municipal.

Tratamiento que se da al señor Presidente, Magistrados, Ministros, Representantes y Gobernadores

- Al señor Presidente de la República se le da el tratamiento de Su Excelencia o Excelentísimo señor.

- A los Magistrados de la Corte Suprema de Justicia se les da título de Honorables.

- A los Ministros se les da el título de Señorías.

- A los Representantes se les da el tratamiento de Honorables y Señorías.

- A los Gobernadores se les da el tratamiento de Señorías.

- A los Concejales se les da el tratamiento de Honorables.

Tratamiento que se da al señor Cardenal, los Obispos y los Monseñores.

- Al Cardenal se le da el tratamiento de Eminentísimo o Su Eminencia.

- A los Arzobispos se les da el tratamiento de Ilustrísimos y Reverendísimos.

- A los Monseñores se les da el título de Monseñores.

Funciones que desempeñan las autoridades del Órgano Judicial.

Las autoridades del Órgano Judicial desempeñan la administración de justicia y la guarda de la Constitución.

Entidad que revisa las sentencias que dictan los Jueces del Circuito

Las sentencias que dictan los Jueces del Circuito, son revisadas por el Tribunal Superior respectivo, siempre y cuando se interponga un recurso de apelación, o cuando la ley exija su revisión.

Territorio en el cual ejercen sus funciones, el Juez Municipal, los Jueces de Circuito y los Magistrados de la Corte Suprema

- El Juez Municipal ejerce jurisdicción sobre el territorio del Municipio.

- Los Jueces del Circuito, sobre el territorio del Circuito Judicial.

- Los Magistrados de la Corte Suprema sobre el territorio de toda la Nación.

Funcionarios que existen para atender las demandas relacionadas con problemas de Trabajo

Para atender las demandas sobre problemas de trabajo, existen los siguientes funcionarios: Jueces laborales, Sala laboral del Tribunal Superior.

Entidades ante las cuales son demandables los Acuerdos de los Concejos y las Ordenanzas de las Asambleas

Los Acuerdos de los Concejos y las Ordenanzas de las Asambleas, son demandables ante los Jueces Administrativos y en segunda instancia ante el Tribunal Contencioso Administrativo.

Requisitos para que una ley tenga validez

Una ley para su validez necesita los siguientes requisitos:

- Que haya sido aprobada en todos los debates reglamentarios, tanto en la Cámara como en el Senado.

- Que haya sido sancionada por el Presidente de la República.

- Que haya sido revisada por la Corte Constitucional.

- Que haya sido publicada o promulgada.

Utilidad que tienen los censos de habitantes, de edificios y de industrias

Los censos de habitantes, de industrias y de edificios, son de una gran utilidad, porque permiten al gobierno tener una idea bastante aproximada de las necesidades y problemas más urgentes que confronta el país.

Autoridad suprema del Gobierno Eclesiástico

La autoridad suprema del Gobierno Eclesiástico sobre la tierra, es el Papa o Romano Pontífice.

Autoridades del Gobierno Eclesiástico en Colombia

Las autoridades del Gobierno Eclesiástico en Colombia son:

- El Arzobispo Primado.

- Los Arzobispos.

- Los Obispos.

- Los Vicarios Apostólicos.

- Los Prefectos Apostólicos.

- Los Párrocos también pueden considerarse como autoridades locales.

Pontífices que lucharon por implantar una mayor justicia social.

Los Pontífices que más han luchado por implantar la justicia social son: León XIII; Pío XI, Pío XII y Juan XXIII y Juan Pablo II.

Jurisdicción en los órdenes eclesiástico y civil

Se entiende por jurisdicción el territorio sobre el cual se ejerce autoridad, bien sea civil o eclesiástica.

El Concordato

El Concordato es un tratado de carácter internacional, celebrado entre el Gobierno y la Santa Sede para regular las relaciones entre la Iglesia y el Estado, estableciendo cómo deben marchar.

OEA   finalidades de esta organización

La Organización de Estados Americanos es una asociación formada por todos los Países de América, fundada con el fin de fomentar las relaciones comerciales, culturales y de amistad entre los diferentes países del hemisferio, así como también de dirimir las controversias o divergencias de cualquier índole que puedan presentarse entre las naciones americanas.

Igualmente, la OEA propende por la conservación de la paz en América y por el adelanto cultural y artístico de todos y de cada uno de los países que forman de ella.

ONU y finalidades de esta Organización

La ONU, Organización de las Naciones Unidas, es una asociación internacional formada por la mayor parte de los países del mundo, la cual se fundó después de la segunda guerra mundial, para reemplazar a la antigua Liga de las Naciones, que funcionaba en Ginebra, Suiza.

Tiene como funciones principales, la conservación de la paz en el mundo, la prestación de ayuda a países subdesarrollados, el incremento de la educación en el mundo, etc.

Delito

Delito es toda infracción voluntaria de la ley penal.

Las penas

Las penas para los mayores de diez y ocho años son las siguientes:

prisión, arresto y multas.

¿Qué es Cohecho?

Cohecho
El Artículo 405 del Código Penal dice sobre el Cohecho Propio: "El servidor público que reciba para sí o para otro, dinero u otra utilidad, o acepte promesa remuneratoria, directa o indirectamente, para retardar u omitir un acto propio de su cargo, o para ejecutar uno contrario a sus deberes oficiales, incurrirá en prisión de cinco a ocho años, y multa de cincuenta a cien salarios mínimos mensuales legales mensuales vigentes, e inhabilitación para el ejercicio de derechos y funciones públicas de cinco a ocho años".

Cohecho Impropio
El Artículo 406 del Código Penal, dice: "El servidor público que acepte para sí, o para otro, dinero u otra utilidad o promesa remunerativa, directa o indirecta, por acto que debe ejecutar en el desempeño de sus funciones, incurrirá en prisión de cuatro a siete años, multa de cincuenta a cien salarios mínimos mensuales legales mensuales vigentes, e inhabilitación para el ejercicio de derechos y funciones públicas de cinco a ocho años".

Prevaricato por acción
El Artículo 413 del Código Penal dice: "El servidor público que profiera resolución, dictamen o concepto manifiestamente contrario a la ley, incurrirá en prisión de tres a ocho años, multa de cincuenta a doscientos salarios mínimos mensuales legales vigentes, e inhabilitación para el ejercicio de derechos y funciones públicas de cinco a ocho años.

Prevaricato por omisión

El Artículo 414 del Código Penal dice: "El servidor público que omita, retarde, rehúse o deniegue un acto propio de sus funciones, incurrirá en prisión de dos a cinco años, multa de diez a cincuenta salarios mínimos mensuales legales vigentes, e inhabilitación para el ejercicio de derechos y funciones públicas por cinco años.

Falso testimonio

El que en actuación judicial o administrativa bajo la gravedad de juramento, ante autoridad competente falte a la verdad o calle total o parcialmente, incurrirá en prisión de cuatro a ocho años.

Castigo que recibe el que falsifica documentos

Incurrirá en prisión de cuatro a ocho años, el funcionario o empleado público que, abusando de sus funciones y en relación con escrituras y documentos públicos:

- Contrahaga o finja letra, o firma o rúbrica.

- Haga aparecer que intervino en un acto una persona que no ha concurrido a él.

- Atribuya a las personas que han intervenido en un acto, declaración o manifestaciones diferentes de las que hubiere hecho.

- Falte a la verdad en la narración de los hechos.

- Altere las fechas verdaderas.

- Haga en un documento verdadero cualquier intercalación o alteración que varíe su sentido.

Homicidio

El que con el propósito de matar, ocasiona la muerte a otro.

Hurto

El Artículo 239 del Código Penal dice: "El que se apodere de una cosa mueble ajena, con el propósito de obtener provecho para sí, o para otro, incurrirá en prisión de dos a seis años.
La pena será de prisión de uno a dos años, cuando la cuantía no exceda de diez salarios mínimos mensuales legales vigentes.

¿Qué es la Estafa?

El que induciendo a una persona en error por medio de artificios o engaños, obtenga un provecho ilícito para sí, o para un tercero, con perjuicio ajeno, incurrirá en prisión de dos a ocho años y multa de cincuenta a mil salarios mínimos, legales mensuales vigentes.

En la misma incurrirá el que en lotería, rifa o juego, obtenga provecho para sí o para otros, valiéndose de cualquier medio fraudulento para asegurar un determinado resultado.

Abuso de confianza

El que se apropie en provecho suyo o de un tercero, una cosa o mueble ajeno, que se le haya confiado o entregado por un título no traslativo de dominio, incurrirá en prisión de uno a cuatro años.

Aprovechamiento de error ajeno o caso fortuito

El Artículo 252 del Código Penal dice: "El que se apropie de bien que pertenezca a otro y en cuya posesión hubiere entrado por error o caso fortuito, incurrirá en prisión de uno a tres años.

¿Qué es persona jurídica?

Se llama persona jurídica, una persona ficticia, capaz de ejercer y contraer obligaciones civiles, y de ser representada judicial y extra judicialmente. Son de dos especies: Corporaciones y fundaciones de beneficencia pública. La nación y el Departamento, una comunidad religiosa, son personas jurídicas.

¿Qué es fianza?

Fianza es la obligación accesoria en virtud de la cual una o más personas responden de una obligación ajena, comprometiéndose para con el acreedor a cumplir en todo o en parte, si el deudor principal no la cumple.

¿Qué es Hipoteca?

La hipoteca es un derecho de prenda constituido sobre inmuebles que no dejan por eso de permanecer en poder del deudor. La hipoteca deberá otorgarse por escritura pública.

El Notario

Es un funcionario público, especialmente autorizado por la Ley para dar fe de los contratos, de los documentos o de los hechos.

La Notaría es la oficina del notario donde se conservan los libros, donde se elaboran o se copian los documentos que son objeto de los contratos.

Para que una escritura pública tenga validez debe registrarse en la oficina de Registro.

¿Qué es contrato?

Contrato de trabajo es aquel por el cual una persona natural se obliga a prestar un servicio personal a otra persona, natural o jurídica, bajo la continua dependencia de la segunda y mediante remuneración.

¿Cuándo termina el contrato de Trabajo?

El contrato de trabajo termina:

- Por expiración del plazo pactado o presumido.
- Por la terminación de la obra o labor contratada.
- Por suspensión de actividades por parte del patrono.
- Por liquidación definitiva de la empresa.

El Período de prueba

El período prueba es la etapa inicial del contrato de trabajo que tiene por objeto, por parte del patrono apreciar las aptitudes del trabajador, por parte de éste y la conveniencia de las condiciones del trabajo. No puede exceder de dos meses.

Obligatorio el descanso dominical

El patrono está obligado a dar descanso dominical remunerado a todos sus trabajadores.

Este descanso tiene una duración mínima de 24 horas. Las fiestas patrias están cobijadas por este Artículo de la Ley.

El derecho de vacaciones

Los trabajadores que hubieren prestado sus servicios durante un año, tienen derecho a 15 días hábiles consecutivos de vacaciones remuneradas. Es prohibido compensar las vacaciones en dinero.

¿Qué se entiende por Accidente de Trabajo?

Se entiende por accidente de trabajo todo suceso imprevisto y repentino que sobrevenga por causa o con ocasión del trabajo y que produzca al trabajador una lesión orgánica o perturbación funcional permanente o pasajera, y que no haya sido provocada deliberadamente por culpa de la víctima. Los accidentes de trabajo y enfermedades profesionales, dan lugar a varias prestaciones.

¿Cuál es el Auxilio de Cesantía?

Todo patrono está obligado a pagar a sus trabajadores, al terminar el contrato de trabajo, como auxilio de cesantía un mes de salario por cada uno de los servicios, proporcionalmente por fracciones de año.

¿Qué se entiende por Huelga?

Se entiende por huelga, la suspensión colectiva, temporal y pacífica del trabajo, efectuada por los trabajadores de un establecimiento o empresa con fines económicos y profesionales propuesto a sus patronos y previos los trámites establecidos por la Ley. Los servicios públicos no pueden declararse en huelga.

¿Qué es arreglo directo?

El arreglo directo de las diferencias entre los patronos y los trabajadores se deben hacer directamente entre las dos partes. Si no se logra el acuerdo, intervienen los conciliadores oficiales o el Tribunal de Arbitramento.

1.3. DERECHOS DEL HOMBRE Y DEL NIÑO

DERECHOS DEL HOMBRE

Concepto: Es la facultad que tienen las personas de obrar de acuerdo con las normas que garanticen sus fines e intereses y de exigir de los demás lo que les pertenece en razón de las mismas normas.

Comentario de los derechos traducidos Antonio Nariño

Entre 1790 y 1798 la vida en la Nueva Granada reflejaba una situación de inconformidad y el deseo de liberarse del yugo español; fue así como Antonio Nariño se convirtió en líder de este ideal y decide hacer la traducción de los Derechos del Hombre que habían sido proclamados en la Revolución Francesa en 1789.

Por consiguiente, se consideran factor decisivo en la Independencia Americana.

DECLARACIÓN DE LOS DERECHOS DEL HOMBRE Y DEL CIUDADANO

Art. 1°. Los hombres nacen y permanecen libres e iguales en derechos. Las distinciones sociales sólo pueden fundarse en la común utilidad.

Art. 2°. El objeto de toda asociación política es la conservación de los derechos naturales e imprescriptibles del hombre. Estos derechos son la Libertad, la Seguridad y la Resistencia a la Opresión.

Art. 3°. El principio de toda soberanía reside esencialmente en la nación: ninguna corporación puede ejercer autoridad que no emane expresamente de ella.

Art. 4°. La libertad consiste en poder hacer todo aquello que no perjudique a otro.

Art. 5°. La Ley no tiene derecho a prohibir más que los actos perjudiciales a la sociedad. A todo aquello que no fuere prohibido por la ley no se le puede poner impedimento y nadie puede ser obligado a hacer lo que ella no ordenare.

Art. 6°. La Ley es la expresión de la voluntad general. Todos los ciudadanos tienen derecho a concurrir personalmente o por medio de sus representantes a su formación. Ha de ser la misma para todos, ya proteja, ya castigue. Siendo iguales ante ella todos los ciudadanos, son igualmente admisibles a toda dignidad, puesto o empleos públicos, según su capacidad; y sin otra distinción que la de sus virtudes y talentos.

Art. 7°. Ningún hombre puede ser acusado, preso ni detenido, sino en los casos determinados por la Ley y en las formas que tiene prescritas. Los que solicitaren, expidieren, cumplieren o hicieren cumplir órdenes arbitrarias, deberán ser castigados; pero todo ciudadano llamado o preso en virtud de la Ley, deberá obedecer al instante, y se hará culpable por su resistencia.

Art. 8°. La Ley no debe imponer otras penas que las estrictas y evidentemente necesarias, y nadie puede ser castigado más que en virtud de una Ley establecida y promulgada con anterioridad al delito y legalmente aplicada.

Art. 9º. Siendo de presumir que todo hombre es inocente mientras no fuere declarado culpable, si se juzgare indispensable aprehenderle, todo rigor que no fuese necesario para asegurarse de su persona, deberá ser reprimido por la Ley.

Art. 10º. Nadie puede ser molestado por sus opiniones, aún religiosas, con tal que su manifestación no turbe el orden público establecido por la Ley.

Art. 11º. La libre comunicación de los pensamientos y de las opiniones es uno de los más preciosos derechos del hombre.

Art. 12º. La garantía de los derechos del hombre y del ciudadano exige una fuerza pública. Esta fuerza pues está instituida en beneficio de todos y no para la particular utilidad de aquellos a quienes está confiada.

Art. 13º. Para el mantenimiento de la fuerza pública y los gastos de la administración es indispensable una contribución común, la que deberá repartirse por igual entre todos los ciudadanos en razón de todos sus haberes.

Art. 14º. Todos los ciudadanos tienen el derecho de comprobar por sí mismos o sus representantes la necesidad de la contribución pública, de consentirla libremente, vigilar su aplicación, determinar su cuota, reparto, cobranza y duración.

Art. 15º. La sociedad tiene derecho de pedir cuenta de su administración a todo agente público.

Art. 16°. Toda sociedad en la cual no se halle asegurada la garantía de los derechos, ni determinada la separación de los poderes, no está constituida.

Art. 17°. Siendo toda propiedad un derecho sagrado e inviolable, nadie puede ser privado de ella a no exigirlo evidentemente la necesidad pública y con la condición de indemnizarle antes justamente.

DECLARACIÓN UNIVERSAL DE LOS DERECHOS HUMANOS POR LA ASAMBLEA GENERAL DE LAS NACIONES UNIDAS EL 10 DE DICIEMBRE DE 1948

Las Naciones Unidas considerando la necesidad del reconocimiento de los valores y derechos de la persona humana y en vista de que el desconocimiento y menosprecio de estos derechos han originado actos de barbarie ultrajando la conciencia del individuo ha resuelto proclamar:

Art. lo. Todos los seres humanos nacen libres e iguales en dignidad y derecho, y dotados como están de razón y conciencia, deben comportarse fraternalmente los unos con los otros.

Art. 2°.(1): Toda persona tiene los derechos y libertades proclamados en esta declaración sin distinción alguna de raza, color, sexo, idioma, religión, opinión política o de cualquier otra índole, origen nacional o social.

(2): Además no se hará distinción alguna fundada en la condición política, jurídica o internacional del país o territorio de cuya jurisdicción dependa una persona, tanto si se trata de un país independiente, como de un territorio bajo la administración fiduciaria, no autónomo o sometido a cualquier otra limitación de soberanía.

Art. 3°. Todo individuo tiene derecho a la vida, a la libertad y a la seguridad de su persona.

Art. 4°. Nadie será sometido a esclavitud ni a servidumbre: la esclavitud y la trata de esclavos están prohibidas en todas sus formas.

Art. 5°. Nadie será sometido a torturas ni a tratos crueles, inhumanos o degradantes.

Art. 6°. Todo ser humano tiene derecho, en todas partes, al reconocimiento de su personalidad jurídica.

Art. 7°. Todos son iguales ante la Ley y tienen, sin distinción, derecho a igual protección de la Ley. Todos tienen derecho a igual protección contra toda discriminación que infrinja esta declaración y contra toda provocación a tal discriminación.

Art. 8°. Toda persona tiene derecho a un recurso efectivo ante los tribunales nacionales y competentes, que la ampare contra actos que violen sus derechos fundamentales reconocidos por la constitución o por la Ley.

Art. 9°. Nadie podrá ser arbitrariamente detenido, ni preso ni desterrado.

Art. 10. Toda persona tiene derecho, en condiciones de plena igualdad a ser oída públicamente y con justicia por el tribunal independiente e imparcial, para la determinación de sus derechos y obligaciones o para el examen de cualquier acusación contra ella en materia penal.

Art. 11.(1): Toda persona acusada por delito tiene derecho a que se le presuma de su inocencia mientras no se pruebe su culpabilidad, conforme a la Ley y en juicio público en el que se le hayan asegurado todas las garantías necesarias para su defensa.

(2): Nadie será condenado por actos u omisiones que en el momento de cometerse no fueron delictivos según el derecho nacional o internacional. Tampoco se impondrá pena más grave que la aplicable en el momento de la comisión del delito.

Art. 12. Nadie será objeto de injerencias arbitrarias en su vida privada, su familia, su domicilio o su correspondencia, ni de ataques a su honra o a su reputación. Toda persona tiene derecho a la protección de la ley contra tales injerencias o ataques.

Art. 13.(1): Toda persona tiene derecho a circular libremente y a elegir su residencia en el territorio de un estado.

(2): Toda persona tiene derecho de salir de cualquier país, incluso del propio, y a regresar a su país.

Art. 14.(1): En caso de persecución, toda persona tiene derecho a buscar asilo y disfrutar de él en cualquier país.

(2): Este derecho no podrá ser invocado contra una acción judicial realmente originada por delitos comunes o por actos opuestos a los propósitos y principios de las Naciones Unidas.

Art. 15.(1): Toda persona tiene derecho a la nacionalidad.

(2): A nadie se le privara arbitrariamente de su nacionalidad ni del derecho a cambiar de nacionalidad.

Art. 16.(1): Los hombres y mujeres a partir de la edad núbil, tienen derecho, sin restricción alguna por motivos de raza, nacionalidad o religión," a casarse y fundar una familia; y disfrutarán de iguales derechos en cuanto al matrimonio, durante el matrimonio y en caso de disolución del matrimonio.

(2): Sólo mediante libre y pleno consentimiento de los futuros esposos podrá contraerse matrimonio.

(3): La familia es el elemento natural y fundamental de la sociedad y tiene derecho a la protección de la sociedad y del estado.

Art. 17.(1): Toda persona tiene derecho a la propiedad, individual y colectivamente.

(2): Nadie será privado arbitrariamente de su propiedad.

Art. 18. Toda persona tiene derecho a la libertad de pensamiento, de conciencia y de religión; este derecho incluye la libertad de cambiar de religión o de creencia, así como la libertad de manifestar su religión o su creencia, individual y colectivamente, tanto en público como en privado, por la enseñanza, la práctica y el culto y la observancia.

Art. 19. Todo individuo tiene derecho a la libertad de opinión y de expresión; este derecho incluye el de no ser molestado a causa de sus opiniones, el de investigar y recibir informaciones y opiniones y el de difundirlas, sin limitación de fronteras, por cualquier medio de expresión.

Art. 20. (1): Toda persona tiene derecho a la libertad de reunión y de asociación pacíficas.

(2): Nadie podrá ser obligado a pertenecer a una asociación.

Art. 21. (1): Toda persona tiene derecho a participar en el gobierno de su país directamente o por medio de sus representantes escogidos.

(2): Toda persona tiene derecho de acceso, en condiciones de igualdad, a las funciones públicas de su país.

(3): La voluntad del pueblo es la base de la autoridad del poder público; esta voluntad se expresará mediante elecciones auténticas que habrán de celebrarse periódicamente equivalente que garantice la libertad del voto.

Art. 22. Toda persona como miembro de la sociedad, tiene derecho a la seguridad social y a obtener, mediante el esfuerzo nacional y la cooperación internacional, habida cuenta de la organización y de los recursos de cada estado, la satisfacción de los derechos económicos, sociales y culturales indispensables a su dignidad y al libre desarrollo de su personalidad.

Art. 23. (1): Toda persona tiene derecho al trabajo, a la libre elección de su trabajo a condiciones equitativas y satisfactorias de trabajo y a la protección contra el desempleo.

(2): Toda persona tiene derecho, sin discriminación alguna, a un salario por trabajo igual.

(3): Toda persona que trabaja tiene derecho a una remuneración equitativa y satisfactoria, que le asegure, así como a su familia, una existencia conforme a la dignidad humana y que será completada, en caso necesario, por cualesquiera otros medios de protección social.

(4): Toda persona tiene derecho de fundar sindicatos y sindicalizarse para la defensa de sus intereses.

Art. 24. Toda persona tiene derecho al descanso, al disfrute del tiempo libre, a una limitación razonable de su trabajo y a vacaciones periódicas pagadas.

Art. 25. (1): Toda persona tiene derecho a un nivel de vida adecuado que le asegure así como a su familia, la salud y el bienestar y en especial la alimentación, el vestido, la vivienda, la asistencia médica y los servicios sociales necesarios: tiene así mismo derecho a los seguros en caso de desempleo, enfermedad, invalidez, viudez, vejez u otros casos de pérdida de sus medios de subsistencia por circunstancias independientes de su voluntad.

(2): La maternidad y la infancia tienen derecho a cuidados y asistencias especiales. Todos los niños nacidos de matrimonio o fuera de matrimonio, tienen derecho a igual protección social.

Art. 26.(1): Toda persona tiene derecho a la Educación. La educación debe ser gratuita, al menos en lo concerniente a la instrucción elemental y fundamental. La instrucción elemental será obligatoria. La instrucción técnica profesional habrá de ser generalizada; el acceso a los estudios superiores son igual para todos, en función de los méritos respectivos.

(2): La educación tendrá por objeto el pleno desarrollo de la personalidad humana y el fortalecimiento del respeto a los derechos humanos y a las libertades fundamentales; favorecerá la comprensión, la tolerancia y la amistad entre todas las naciones y todos los grupos étnicos o religiosos y promoverá el desarrollo de las actividades de las Naciones Unidas para el mantenimiento de la paz.

(3): Los padres tendrán derecho preferentemente a escoger tipo de educación que habrá de darse a los hijos.

Art. 27.(1): Toda persona tiene derecho a tomar parte libremente en la vida cultural de la comunidad, a gozar de las artes y a participar en el progreso científico y en los beneficios que de él resulten.

(2): Toda persona tiene derecho a la protección de los derechos morales y materiales que le correspondan por razón de las producciones científicas, literarias o artísticas de que sea autora.

Art. 28. Toda persona tiene derecho a que se establezca un orden social e internacional en el que los derechos y libertades proclamados en esta declaración se hagan plenamente efectivos.

Art 29.(1): Toda persona tiene deberes respecto a la comunidad puesto que sólo en ella puede desarrollar libre y plenamente su personalidad.

(2): En el ejercicio de sus derechos y en el disfrute de sus libertades toda persona está solamente sujeta a las limitaciones establecidas por la Ley con el único fin de asegurar el reconocimiento y el respeto de los derechos y libertades de los demás, y satisfacer las justas exigencias de la moral, del orden público y del bienestar general en una sociedad democrática.

(3): Estos derechos y libertades no podrán en ningún caso, ser ejercidos en oposición a los propósitos y principios de las Naciones Unidas.

Art. 30. Nada en la presente declaración podrá interpretarse en el sentido de que confiere derecho al Estado, a un grupo o a una persona, para emprender y desarrollar actividades o realizar actos tendientes a la supresión de cualquiera de los derechos y libertades proclamados en esta declaración. "El niño gozará de una protección especial y dispondrá de oportunidades y servicios dispensado todo ello por la ley y por otros medios para que pueda desarrollarse física, mental, moral, espiritual y socialmente en forma saludable y normal, así como en condiciones de libertad y dignidad. "(Principio de los derechos del niño)".

LOS DERECHOS DEL NIÑO

DECLARACIÓN DE LOS DERECHOS DEL NIÑO

Preámbulo

Considerando que los pueblos de las Naciones Unidas han reafirmado en su Carta los derechos fundamentales del hombre y en la dignidad y en el valor de la persona humana y su determinación de promover el progreso social y elevar el nivel de vida dentro de un concepto más amplio de la libertad;

Considerando que las Naciones Unidas han proclamado en la Declaración Universal de Derechos Humanos, que toda persona tiene todos los derechos y libertades enunciados en ella, sin distinción alguna de raza, color, sexo, idioma, religión, opinión política o de cualquier otra índole, origen nacional o social, posición económica, nacimiento o cualquiera otra condición;

Considerando que el niño, por su falta de madurez física y mental, necesita protección y cuidado especiales, inclusive la debida protección legal, tanto antes como después del nacimiento;

Considerando que la necesidad de esa protección especial ha sido enunciada en la Declaración de Ginebra de 1924 sobre los Derechos del Niño y reconocida en la Declaración Universal de Derechos Humanos y en los convenios constitutivos que los organismos especializados y de las organizaciones internacionales que se interesan en el bienestar del niño;

Considerando que la humanidad debe al niño lo mejor que puede darle.

Proclama la presente Declaración de los Derechos del Niño a fin de que éste pueda tener una infancia feliz y gozar en su propio bien de la sociedad de los derechos y libertades que en ella se enuncian e insta a los padres, a los hombres y mujeres individualmente y a las organizaciones particulares, autoridades locales y gobiernos nacionales a que reconozcan esos derechos y luchen por su observancia con medidas legislativas y de otra índole adoptadas progresivamente en conformidad con los siguientes principios:

Principio 1

El niño disfrutará de todos los derechos enunciados en esta declaración. Estos derechos serán reconocidos a todos los niños sin excepción alguna ni distinción o discriminación por motivos de raza, color, sexo, idioma, religión, opiniones políticas o de otra índole, origen nacional o social, posición económica, nacimiento u otra condición, ya sea del propio niño o de su familia.

Principio 2

El niño gozará de una protección especial y dispondrá de oportunidades y servicios, dispensado todo ello por la ley y por otros medios, para que pueda desarrollarse física, mental, moral, espiritual y socialmente en forma saludable y normal, así como en condiciones de libertad y dignidad. Al promulgar leyes con este fin, la consideración fundamental a que se atenderá será el interés superior del niño.

Principio 3

El niño tiene derecho desde su nacimiento a un nombre y a una nacionalidad.

Principio 4

El niño debe gozar de los beneficios de la seguridad social. Tendrá derecho a crecer y desarrollarse en buena salud; con este fin deberán proporcionarse, tanto a él como a su madre, cuidados especiales, inclusive atención prenatal y post-natal. El niño tendrá derecho a disfrutar de alimentación, vivienda, recreo y servicios médicos adecuados.

Principio 5

El niño física o mentalmente impedido o que sufra de algún impedimento social debe recibir el tratamiento, la educación y el cuidado especiales que requiere su caso particular.

Principio 6

El niño, para el pleno y armonioso desarrollo de su personalidad, necesita amor y comprensión. Siempre que sea posible, deberá crecer al amparo y bajo la responsabilidad de sus padres y en todo caso en un ambiente de afecto y de seguridad moral y material; salvo circunstancias excepcionales, no deberá separarse el niño de corta edad de su madre. La obligación de cuidar especialmente a los niños sin familia o que carezcan de medios adecuados de subsistencia. Para el mantenimiento de los hijos de familia numerosa conviene conceder subsidios estatales o de otra índole.

Principio 7

El niño tiene derecho a recibir educación que será gratuita y obligatoria por lo menos en las etapas elementales.

Se le dará una educación que favorezca su cultura general y le permita en condiciones de igualdad de oportunidades, desarrollar sus aptitudes y su juicio individual, su sentido de responsabilidad moral y social, y llegar a ser un miembro útil de la sociedad.

El interés superior del niño debe ser el principio recto de quienes tienen la responsabilidad de su educación y orientación; dicha responsabilidad incumbe, en primer término a sus padres.

El niño debe disfrutar plenamente de juegos y recreaciones, los cuales deberán estar orientados hacia los fines perseguidos por la educación; la sociedad y las autoridades públicas se esforzarán por promover el goce de este derecho.

Principio 8

El niño debe, en todas las circunstancias, figurar entre los primeros que reciban protección y socorro.

Principio 9

El niño debe ser protegido contra toda forma de abandono, crueldad y explotación. No será objeto de ningún tipo de trata.

No deberá permitirse al niño trabajar antes de una edad mínima adecuada; en ningún caso se le dedicará ni se le permitirá que se dedique a ocupación o empleo alguno que pueda perjudicar su salud o su educación, o impedir su desarrollo físico, mental o moral.

Principio 10

El niño debe ser protegido contra las prácticas que puedan fomentar la discriminación racial, religiosa o de cualquiera otra índole.

Debe ser educado en un espíritu de comprensión, tolerancia, amistad entre los pueblos, paz y fraternidad universal, y con plena conciencia de que debe consagrar sus energías y aptitudes al servicio de sus semejantes.

1.4. DEBERES MORALES DEL HOMBRE

DEBERES PARA CON DIOS

- Reconocer la sabiduría la bondad, la grandeza y la misericordia de Dios a nuestro favor.

- Agradecer a Dios el haber creado al mundo para la realización del género humano.

- Le debemos gratitud, adoración y obediencia a Dios, para hacernos merecedores de sus beneficios en el mundo y de la gloria en el cielo.

- Dios penetra en lo más íntimo de nuestros corazones y nuestros ruegos son expresión sincera del reconocimiento de su poder y bondad suprema.

- Es natural que nos dirijamos a Dios y le hablemos como hijos de nuestras penas y logros.

- Orar al levantarnos y al acostarnos para dirigir a Dios nuestras súplicas y alabanzas por todos los beneficios.

- Cada día pedir luz a Dios para ver nuestra conciencia y poder mejorar.

- Es un deber para con Dios, agradecer por la comida al levantarnos de la mesa.

- En los deberes para con Dios se resumen todos los deberes sociales; ser modelo de todas las virtudes, padres amorosos, hijos obedientes, esposos responsables y ciudadanos útiles a la patria.

- Los mandamientos de la Ley de Dios, son el mejor camino que lleva al género humano a la bondad y lo aparta del mal.

- Porque toda obra buena sirve para el crecimiento del mundo.

- Debemos manifestar públicamente nuestra gratitud y adoración a Dios. Los sacerdotes y ministros de Dios deben mantener el culto divino y conducir nuestras almas por el camino de la felicidad eterna.

DEBERES PARA CON LA SOCIEDAD

- Los padres deben ser respetados y venerables.

- Los hijos han de auxiliar siempre a sus padres, como gratitud por la vida.

- Los cuidados tutelares de los padres son semejantes a aquellos con que la Providencia protege a los seres humanos.

- A los padres les debemos gratitud por la vida, la crianza y por todos los sacrificios que hicieron para sacarnos adelante.

- Los padres derraman muchas lágrimas por tantas cosas que deben enfrentar para ayudar sus hijos. Les agradecemos la paciencia para soportar todas las dificultades.

- Los padres apenas descubren un destello de razón en sus hijos, se apresuran a formar; porque los fundamentos de la convivencia se aprenden en la escuela del hogar, cuyos maestros son los progenitores.

- El primer conocimiento de Dios, se aprende en casa cuando entre balbuceos antes de dormir empiezan a orar.

- Las improntas de bondad recibidas en el hogar permanecerán y serán las fortalezas que se llevarán cuando se vayan en busca de caminos.

- En la medida en que crecemos, los padres se esfuerzan por nuestro desarrollo integral. Muchas veces los vemos voluntariosos someterse a duras preocupaciones para impedir que se interrumpa el curso de nuestros estudios.

- Aunque los hijos sean mayores, siempre siguen sintiéndose la sombra protectora de los padres.

- Cuando los padres son amigos de los hijos, la comprensión y la convivencia florece en los hogares.

- Todo cuanto se aprende en el hogar, se refuerza en la escuela y se practica durante la vida. Cuando llega la ancianidad, son los buenos hijos quienes darán fuerza, alegría e incentivos a sus padres.

- La Biblia dice. "Dios bendice a los buenos hijos". La gratitud trae muchos beneficios.

- Los buenos hijos testifican su amor con demostraciones expresivas y consideradas. Hay que ayudar a los padres cuando el peso de los años los agobie.

- La gloria del hijo, es el honor del padre. Los hijos han de ser considerados y respetuosos con sus padres y cubrirlas de honra, disimulando ante los extraños sus faltas.

- A los hijos nos toca compadecer a los padres y colmarlos de atenciones, sea cualquiera la condición en que se encuentran.

- Cuando haya necesidad de hacer algunas observaciones a los padres, han de ser de una manera dulce, amable y respetuosa, nunca atropellarlos.

- Los maestros son delegados de nuestros padres a quienes les debemos respeto a quienes les debemos amor obediencia y respeto.

DEBERES PARA CON LA PATRIA

- Nuestra patria es toda aquella extensión de territorio gobernado por las mismas leyes, que rigen en el lugar en que hemos nacido, donde formamos con nuestros conciudadanos una sociedad de intereses y sentimientos nacionales.

- Representan a nuestros antepasados, las ciudades, los pueblos, los edificios y los campos cultivados, son signos y monumentos de la vida social.

- Los encargados del poder público nos deben proteger y amparar contra los ataques dirigidos a la libertad e independencia de nuestro país, contra las asechanzas e injusticias de los perversos.

- Todo cuanto existe en nuestra patria, nuestras familias, nuestros parientes y amigos; todo está relacionado con nuestro porvenir.

- Cuando la patria está en conflicto, cuando peligra la libertad o la independencia de nuestra patria, tenemos el deber de auxiliarla.

DEBERES PARA CON NUESTROS SEMEJANTES

- El amor al prójimo forma el sentimiento de la caridad cristiana, y es fundamental en todos los deberes que tenemos para con nuestros semejantes.

- Amar a los semejantes es extender una mano amiga en sus conflictos y para hacer posible mejorar su calidad de vida.

- Una de las grandes virtudes cívicas es propender por ayudar a las comunidades en la conservación de la sabiduría.

- Propiciar la bondad que une los corazones con lazos fraternos y promueve la convivencia.

- Es un deber moral asegurar la paz, la justicia y la concordia en las comunidades.

- Debemos amar a nuestros semejantes, respetarlos, honrarlos, ilustrar su entendimiento, socorrer en sus necesidades, perdonar sus ofensas y proceder con ellos de la misma manera que deseamos que ellos procedan con nosotros.

- La persona irrespetuosa publica las flaquezas ajenas, se gana enemistades, vive amargada y atormentada por los remordimientos.

- Cuando se hace el bien a los semejantes se siente plenitud.

- El perdonar las ofensas libera, cuando se empieza a perdonar, lo que se ha soñado, se dará como por encanto.

- En el hogar paterno se dan los fundamentos de la virtud, Debemos honrar a nuestra familia. El que en el seno de la vida doméstica, ama y protege a sus padres y hermanos y demás parientes, será también fraterno con toda la sociedad.

DEBERES PARA CON NOSOTROS MISMOS

- Debemos instruirnos, conservarnos y moderar nuestras pasiones.

- Debemos evitar la ira, la venganza, la ingratitud, la envidia y demás sentimientos irregulares que empobrecen el corazón humano.

- La ignorancia es una verdadera desgracia para la humanidad, A veces la perversidad es guiada por la ignorancia. Por el contrario, la ilustración encamina hacia el bien y la felicidad.

- La salud y la robustez del cuerpo son indispensables para entregarnos en calma y con provecho a todas las operaciones mentales para aprender. La salud del cuerpo sirve también de base a la salud del alma. El hombre que huye de la vida, se degrada.

- Para agradar a Dios, se necesita ser buenos padres, buenos hijos, buenos ciudadanos y buenos cristianos, dulcificar nuestro carácter y fundar en nuestro corazón el suave imperio de la continencia, de la mansedumbre, de la paciencia, de la tolerancia y de la beneficencia.

- El hombre sabio conocerá a Dios, se conocerá a su mismo y conocerá a los demás hombres y si cuida de su salud y de su existencia, vivirá para Dios, para sí mismo y para los demás.

1.5. URBANIDAD

Urbanidad: conjunto de reglas que observamos para comunicar dignidad, decoro y elegancia a nuestras acciones y palabras y para manifestar a los demás benevolencia, atención y respeto.

Las reglas de Urbanidad nos enseñan el cumplimiento de nuestros deberes sociales, de manera que a nadie causemos mortificación o disgusto.

Mediante el estudio de las reglas de urbanidad y por el contacto con personas bien educadas, llegamos a adquirir buenas maneras o buenos modales.

Las leyes de la urbanidad relacionadas con la dignidad y el decoro personal, rigen en todos los tiempos y en todos los países civilizados de la tierra.

Las atenciones y miramientos que debemos a los demás son según las categorías establecidas por la naturaleza, la sociedad y el mismo Dios.

La paciencia es la virtud que se necesita a cada paso para la urbanidad.

La benevolencia, la generosidad y nuestra propia dignidad nos prohíben mortificar jamás a nadie.

El Aseo

- El aseo es fundamento de estimación social y ayuda a conservar la salud.

- Antes de entregarnos al sueño debemos alabar a Dios y asear nuestro cuerpo. Igualmente lo haremos al levantarnos.

- Los cuidados que empleamos en el aseo de la boca, jamás serán excesivos.

- Después de levantarnos de la mesa limpiaremos nuestra dentadura; pero nunca delante de extraños ni en la calle.

- Lavemos las manos con frecuencia.

- Recortar las uñas cada vez que sea necesario.

- Es falta contra el aseo, recortarse las uñas con los dientes.

- Es contrario al aseo, humedecer los dedos en la boca, para separar papeles, hojas de un libro o naipes.

- Es falta contra el aseo llevar la mano a la boca al estornudar o toser; se debe utilizar el pañuelo.

- No llevar la mano a la cabeza y menos rascarnos. Son actos inciviles cuando se ejecutan delante de otras personas

- Son actos de suciedad eructar y limpiarse los labios con las manos después de haber escupido.

- Escupir es un pésimo hábito y todavía más repugnante esgarrar.

- Es imprescindible el uso del pañuelo. Sólo usemos una cara del pañuelo para sonarnos y no hay que observar el pañuelo después de habernos sonado. No escupir en el pañuelo.

- También limpiarnos con pañuelo, tres a cuatro veces al día, los ángulos de los labios.

- Enjuguémonos el sudor del rostro, cuando nos sintamos transpirados.

- Nuestros vestidos deben estar siempre aseados, es necesario no llevarlos rotos ni ajados.

- Nuestro calzado debe estar siempre limpio y con lustre.

- La casa y los muebles deben permanecer en perfecta limpieza, incluyendo la entrada.

- La limpieza del piso contribuye al lucimiento de los espacios.

- En los dormitorios debe correr el aire libre, excepto en las horas que la necesidad nos obligue a mantenerlos cerrados.

- Las ropas de nuestras camas deben estar aseadas.

- La dignidad personal nos obliga a guardar las leyes del aseo.

- Jamás nos acerquemos tanto a la persona con quien hablamos, que llegue a percibir nuestro aliento.

- Evitemos en lo posible sonarnos cuando estemos en compañía de otras personas, y si es absolutamente imprescindible hagámoslo con delicadeza, para no fastidiar a los demás.

- No brindemos a nadie comida que hayan tocado nuestros labios.

- Es incivilidad el sugerir a una persona que guste o huela alguna cosa que haya de producirle una sensación desagradable.

- Antes de entrar a una casa limpiemos la suela de nuestro calzado, si tenemos motivo para temer que a ella se haya adherido alguna suciedad.

- No recostar nuestra cabeza en el respaldo de los asientos.

- Nunca mezclar en nuestra conversación palabras o anécdotas que provoquen asco a los demás.

- El desorden causa una desagradable impresión.

- Hay que cuidar lo ajeno como lo propio, devolver lo que nos han prestado, concurrir puntualmente a las invitaciones y pagar las deudas el día señalado.

- Cuando estamos en casa debemos estar vestidos con sencillez y con decencia.

- Un hombre semidesnudo en casa, se ve mal; la mujer debe lucir compostura.

- Las visitas se reciben en la sala y deben encontrarnos en traje decente y adecuando con las circunstancias.

Comportamiento en familia

- Debemos ser atentos, amables y respetuosos con las personas con quienes vivimos.
- El respeto a nuestros padres permite una confianza bien entendida con ellos.
- La tolerancia es el gran principio de la vida doméstica.
- Es mala educación grabar en la memoria palabras y acciones desagradables que se hayan empleado en los desacuerdos de la familia.
- No cambiar las cosas que no nos pertenezcan de los lugares donde las hayan puesto sus dueños.

Comportamiento con los vecinos

- Los vecinos deben considerase como una familia.

- Por ningún motivo nuestras actitudes deben interrumpir la tranquilidad de los vecinos.

- Debemos ser cuidadosos para no molestar a los vecinos.

- Cuando sabemos que en la casa próxima hay una desgracia, hay que ser solidarios.

- Cuando ha fallecido un vecino, debemos ser amables, acompañar y presentar condolencias.

Comportamiento en la calle

- Conduzcámonos en la calle con gran circunspección y decoro.

- Nuestro paso no debe ser ni lento, ni precipitado.

- Los movimientos de nuestro cuerpo deben ser naturales y propios de la edad, del sexo y de las circunstancias de cada persona.

- No fijemos determinadamente la vista en las personas que encontramos, ni volvamos la cabeza para mirar a los que han pasado.

- Nunca dirigir nuestras miradas hacia adentro de las viviendas a través de las ventanas.

- No llamemos a una persona que veamos en la calle, especialmente si es superior a nosotros.

- No se admite el detener a una persona en la calle, sino en caso de una grave emergencia.

- Sin embargo, podemos detener a un amigo en similares circunstancias a las nuestras, aunque no haya un asunto importante.

- Una vez detenidas las personas es necesario adelantar la despedida pronto, por que el tiempo apremia.

- Nunca pasemos por entre dos o más personas que se hayan detenido a conversar; y en el caso de que esto sea inevitable, por favor pidamos permiso en forma cordial.

- Debemos un saludo, o por lo menos, una inclinación de cabeza a las personas que están conversando y se aparten para dejarnos pasar.

- No saludemos nunca desde lejos a ninguna persona, aunque sea de nuestra confianza y limitémonos a hacer una inclinación de cabeza o un movimiento de la mano.

- Hay que dar la acera a las señoras y a los ancianos, al superior, el caballero a las damas; y cuando se encuentran a las personas en circunstancias análogas, la regla general es que la conserve el que la tiene a su derecha.

- Si alguien necesita un favor, aunque no lo conozcamos, hay que ofrecerle ayuda.

- Si al pasar por una iglesia están en la elevación hay que esperar un instante y hacer una inclinación.

- Una persona culta y bien educada respeta los actos religiosos que se celebran en la calle.

Comportamiento en el templo

- El templo es la casa del Señor, por lo tanto es un lugar de recogimiento, oración y respeto.

- Al templo no se entra con sombrero.

- Al entrar al templo cuidemos de hacerlo en silencio para no molestar a las personas que estén en oración.

- Al templo no debemos llevar niños pequeños que puedan interrumpir.

- Llevar un perro a la iglesia es un acto de imponderable irreverencia.

- En el templo no se saluda desde lejos, y cuando se hace desde cerca basta un ligero movimiento de cabeza y menos conversar.

- El templo es lugar de oración, pero no es lícito rogar en voz alta porque interrumpe a los demás.

- Si vamos a algún oficio hay que mantenernos atentos.

- No tomemos nunca asiento en la iglesia, a menos que se hayamos hecho una genuflexión hacia el altar mayor.

- Al pasar por delante de un altar, en el cual está depositado el Santísimo, y al retirarnos del templo hacemos una genuflexión.

- Cuando está expuesto el Santísimo, doblaremos ambas rodillas.

- Siempre que haya de pasar junto a nosotros un sacerdote revestido que se dirija al altar, o venga de él, le hacemos una inclinación en señal de reverencia.

- Durante la santa misa hay que mantenernos atentos y participativos.

- En el momento de la elevación nos arrodillaremos doblando ambas rodillas; excepto cuando haya un impedimento de salud.

- Cuando estemos sentados guardémonos de recostar la cabeza sobre el espaldar del asiento, de extender y cruzar las piernas.

- No llevar celulares al templo o mantenerlos apagados.

Del comportamiento en el colegio

- Cuando estén corrigiendo a algún alumno, evitemos entrar en esos momentos.

- Los maestros representan a nuestros padres, por consiguiente les debemos respeto, amor y obediencia.

- En el colegio debemos comportarnos correctamente, aprovechar el tiempo y ser cordiales.

- Cuando el maestro se ausente por alguna circunstancia, debemos comportarnos tan bien como si estuviésemos en su presencia.

- Cuando nos hagan las debidas correcciones, no nos irritemos. Pensemos que es para nuestro bien.

- Jamás contemos las cosas que pasan en nuestra casa, ni en las casa ajenas.

- Tratemos a nuestros condiscípulos con amistad y con consideración.

Cuando estamos hospedados en casa ajena

- Cuando un amigo nos anuncia que se va a hospedar en nuestra casa, nos disponemos a recibirle alegremente.

- No permitamos que nuestro huésped haga ningún gasto.

- Procuraremos estudiar las costumbres domésticas de nuestro huésped, a fin de que se sienta cómodo.
- Al separarse un huésped de nosotros, le manifestamos afectuosamente que vuelva a usar nuestra casa.

De la conversación

- La conversación revela claramente la educación de una persona.

- La conversación siempre debe estar animada de benevolencia y consideración.

- Cuando la conversación es general, es una incivilidad el llamar la atención de una persona para hablar con ella sola.

- Cuando una persona canta, toca o hace cualquier otra cosa para amenizar un momento, es imperdonable incivilidad el conversar aun cuando se haga en voz baja.

- Las personas de mayor responsabilidad que se encuentran en un círculo son las que están llamadas a variar los temas de la conversación.

- Nuestro lenguaje debe ser siempre culto, decente y respetuoso.

- El tono de la voz ha de ser suave y natural.

- La fisonomía del que habla, ha de presentar las mismas expresiones que las han de producir en los demás.

- Guardémonos de emplear en la conversación palabras que arguyan falta de reverencia a Dios o a los santos o a las cosas sagradas.

- Es muy chocante y vulgar las expresiones de juramento para dar autoridad a sus asertos.

- No es lícito nombrar a una persona por medio de un apodo o sobrenombre.
- Sabemos siempre de palabras y frases de cumplido, de excusa o de agradecimiento, cuando preguntamos o pedimos algo, o cuando nos vemos en el caso de contrariar algo,

Ejemplo:
- Sírvase usted decirme...
- Tenga la bondad de proporcionarme...
- Permítame usted ...
- Dispénseme usted...
- Discúlpeme usted...
- Hágame el favor ...

Respondamos:
- Si o no señora
- Si o no señor
- Dirijamos siempre la vista a las personas con quienes hablamos.

Son actos vulgares

- Remedar a las personas, hablar bostezando.
- Hablar en voz baja a una persona delante de otra.
- Es intolerable hablar en términos de burla.
- Es falta de educación desatender a una persona cuando nos está hablando.
- Jamás interrumpamos a una persona que habla.

El saludo

Es gesto de cortesía. Para saludarse los occidentales, estrechan las manos, los japoneses hacen una inclinación de cabeza, los esquimales se frotan la nariz, y los soviéticos se besan en la boca.

Expresiones para saludar:

- Buenos días. ¿Cómo amanece?
- Buenas noches.
- Buenas tardes
- ¿Cómo está?
- ¿Cómo le va ?

Existen algunos gestos con la cabeza, los ojos y las manos con que actualmente se reemplaza el saludo.

El saludo en la calle debe ser breve. Evite gritar o tratar de entablar conversación si el encuentro se produce de una acera a la otra, un movimiento de la mano es suficiente.

El beso social es una costumbre arraigada, sin embargo, hay circunstancias en las cuales no es conveniente:

- Cuando le acaban de presentar a una persona.
- A los jefes o compañeros de trabajo.
- A los bebés y a los niños pequeños.

La despedida es el final de un encuentro, ésta debe ser breve, amable y respetuosa.

La capacidad de comunicarse

La pronunciación, la enunciación, el tono y el volumen son elementos que le dan poder a la voz.

- Saber escuchar es más importante que hablar.

- Lo mejor es mirar a la persona con la cual conversamos.

- Al hablar no exagere los gestos.

- No hable demasiado fuerte.

- Cuando alguien repite una historia, es cortesía permitirle volver a contarla.

- Es amable cuando admiramos el vestido o un objeto de un amigo o un conocido; pero no insista en saber dónde lo compró.

- Al excusarse debe dar la razón; si es retraso en una cita, el olvido no es disculpa.

- Es incómodo para una persona que le recuerden que tiene un hábito molesto.

- El lenguaje soez no es de admirar y puede molestar a los que escuchan.

- Evite el chisme; es de pésimo gusto involucrarse en asuntos ajenos.

- Las personas que tienen el mal hábito de quejarse por todo, molesta a los demás.

- Recurra a la lectura para mantenerse bien informado.

- Sea amable.

- Respetar las opiniones ajenas, da buena imagen.

- Procure que todas las personas participen en la conversación.

El teléfono

- Es norma de cordialidad contestar el teléfono con amabilidad y prontitud.

- Jamás coma o beba cuando está hablando por teléfono.

- Siempre salude con un buenos días, buenas tardes, buenas noches.

- Si su interlocutor es desconocido, identifíquese.

- Nunca llame a las horas de las comidas, ni muy temprano en la mañana o muy tarde en la noche.

- Si usted hizo la llamada, es usted quien debe ponerle fin.

- Cuando marque un número equivocado no debe colgar sin pedir disculpas.

- Si su teléfono tiene contestador automático y recibe mensajes, devuelva las llamadas.

- No permita que los niños contesten el teléfono.

- Los niños no deben dar ninguna información a extraños por teléfono.

- Mantenga cerca del aparato telefónico una libreta con un lápiz para recibir mensajes.

- Si usted es el encargado de recibir las llamadas en una empresa, mencione primero el nombre de la compañía, luego salude, y por último identifíquese

- No admita bromas por teléfono.

- Si la persona a quien llama no está o no puede contestar el teléfono, anote el nombre de quién llamó, el motivo de la llamada y el mensaje; de manera que el interesado sepa quien recibió el recado.

- Haga las llamadas de trabajo dentro del horario de trabajo.

El teléfono celular

- Está de moda por las facilidades y los servicios que presta.

- El celular es para llamadas cuya importancia no espera.

- Las llamadas deben ser breves.

- Hay lugares en los cuales el uso del teléfono celular no es apropiado, como en las salas de cine, de conciertos, de juntas, aviones, en las iglesias y en los automóviles cuando se va conduciendo.

En ascensores y escaleras

- La mujer subirá antes que el hombre.

- Al abandonar el ascensor el hombre lo hará primero para ayudar a los otros ocupantes y evitar que las puertas se cierren.

- Las personas mayores tienen precedencia a las jóvenes, para su entrada y para su salida.

- Los niños deben subir al ascensor en compañía de un adulto.

- En un ascensor lleno, es falta de cortesía entablar conversación.

- Es prohibido fumar en el ascensor.

- Si hay espejo en el ascensor, no es para las mujeres maquillarse. Su uso es para ver en forma breve como lucimos.

En las escaleras

- Debemos ir por la derecha, tanto para subir como para bajar.

- En las escaleras, nunca botar papeles ni gomas de mascar.

- Silbar, correr, cantar, o conversar no son comportamientos apropiados para este espacio limitado.

- Si encontramos amigos en la escalera, lo más cordial es saludar sin detenernos.

- En las filas es norma de cortesía respetar turno.

En la oficina

- La puntualidad es una norma de oro para todos.
- Celebre el buen desempeño de los empleados.
- Para llamar la atención a un empleado, hágalo en privado.
- Evite gritar, no es de buen gusto.
- Nunca lea el material que encuentre en el escritorio de otra persona.

- Ofrezca apoyo a sus compañeros de trabajo si lo necesitan.
- Evite los chismes.
- No recargue de fotos y afiches, su puesto de trabajo.
- Es mejor no comer en la oficina.
- No se limpie las uñas ni se maquille en la oficina.
- Si le pide prestado un objeto a un compañero, hay que devolverlo pronto.
- Si tiene poco trabajo no distraiga a sus compañeros.
- No entre a las oficinas de los demás, sin permiso.

Citas de trabajo
- Acuda puntualmente a cumplir con la cita; dé su nombre a la secretaria, junto con el nombre de quien va a visitar.
- Si llega antes de la cita, indíqueselo a la secretaria o al recepcionista, para que no se preocupe, si no puede atenderlo inmediatamente.
- Si acuden a visitarlo a su oficina debe ofrecer un café o agua aromática al visitante; y si llega tarde, pregunte cuánto tiempo debe esperar y presentar excusas.

Los vecinos
- No haga ruidos excesivos en su casa, particularmente de noche porque interrumpe la calma.
- Escuche música a bajo volumen, utilice la lavadora y haga reparaciones en su hogar cuando los vecinos se hayan levantado.
- Las normas de propiedad horizontal son especiales y exigen ser más cuidadosos para que todos se sientan cómodos.
- Si solicita algo prestado, devuélvalo pronto, y no es conveniente pedir prestadas cosas con frecuencia.
- Para las fiestas, utilice los salones comunales.
- Si lo niños dañan algo en la vecindad, repararlo a la mayor brevedad y presentar excusas.
- Mantenga las áreas comunales en perfecto estado.
- Enseñe a sus hijos a ser cordiales con los vecinos.
- Si en su apartamento hay un daño que perjudica al vecino repárelo lo antes posible.

En el restaurante
- Mantenga el tono de voz bajo.
- La mujer nunca debe maquillarse en el restaurante.
- Los enamorados deben evitar manifestaciones de afecto muy efusivas, porque pueden incomodar a los demás.
- Apague el celular y el bíper durante la cena, a menos que espere una comunicación importante.
- La servilleta nunca se enrolla en el cuello, (a menos que se trate de un niño).
- Cuando termine de comer deje la servilleta al lado del plato, desdoblada.

Buenas maneras en familia
Estas costumbres fundamentales se las deben enseñar a los niños en casa:
- Saludar a las personas.
- Decir gracias, por favor, lo siento, disculpe.
- Respetar a los adultos.
- Contestar cuando le hablen.
- Respetar la privacidad de los padres.
- No interrumpir las conversaciones de los adultos.
- No tocar las cosas de los demás a menos que lo inviten a hacerlo.
- Comportarse bien en sitios públicos.
- Comportarse en forma fraterna con amigos y hermanos.
- Responder de sus pertenencias.
- Mantener la ropa ordenada en su lugar y escogerla de acuerdo con las ocasiones que se presenten.
- Que el niño deje listo el uniforme, desde la noche anterior.

Acontecimientos sociales

Bautizo
- Generalmente se realiza a los pocos días del nacimiento, pero en algunas oportunidades esperan meses para hacerlo; los padres escogen dos padrinos, un hombre y una mujer.

- Los padrinos deben ser católicos, ser ejemplo y apoyo para el ahijado si llegan a fallecer los padres.
- Las invitaciones al bautizo las hacen los padres.
- La hora del bautizo determina la reunión que se realizará.
- Los regalos más acostumbrados son:
- Cadenas de oro, juguetes, ropa y artículos de plata.
- Los bautizos en las iglesias tienen que ser reservados con suficiente anticipación, semanas o meses, para evitar dificultades en la reserva del cupo.

Primera Comunión

- Los niños y las niñas se preparan antes de recibir la Primera comunión.
- Para la Primera Comunión se acostumbra hacer una reunión social, que puede ser en la casa, o en un salón comunal. Las invitaciones se envían con veinte días de anticipación.
- El lugar se decora con motivos religiosos.
- La comida son platos sencillos.
- El vestido de los niños y de las niñas que hacen la Primera Comunión, debe estar a la altura de las circunstancias, no ser suntuoso en exceso y entre los accesorios no puede faltar el cirio, y la azucena para las niñas.

Confirmaciones

El objetivo es afianzar la fe en Dios. La ceremonia se realiza al inicio de la adolescencia, previa preparación a la ceremonia. El niño escoge a su padrino, la niña a su madrina, con quienes irán a la iglesia a recibir el sacramento. Para esta ceremonia sólo se hace una reunión de carácter estrictamente familiar.

Quince años

- Esta fiesta es muy importante para las niñas. Algunas quinceañeras prefieren esta celebración muy formal y otras optan por una reunión juvenil sencilla.
- En todos los casos, la joven cumplimentada obsequiará a los invitados un pequeño recuerdo alusivo a la ocasión.
- Se podrá ofrecer desde un bufé hasta un plato servido a la mesa o una reunión campestre.
- El baile forma parte de esta celebración, sean éstas formales o informales.
- Comenzará con el vals y la quinceañera bailará sucesivamente con el padre, los abuelos, los tíos, los hermanos y los amigos.

Bodas

Los gastos se reparten de la siguiente manera:

Padres de la novia:
- Tarjetas y envíos de las mismas.
- Recepción, decoración, banquete, bebidas, ponqué, músicos, etc.
- Vestido y ajuar de la novia.
- Ramos para los pajecitos y damas de honor.
- Recordatorios.

Padres del novio:
- Anillo de compromiso y argollas matrimoniales.
- Honorarios del sacerdote o notario y demás gastos de la ceremonia.
- Ramo de la novia y azahares para el novio y los padrinos.
- Vehículo para transportar a la novia.
- Filmación y fotografías.
- Luna de miel.
- Los padres de los contrayentes hacen las invitaciones.
- En la despedida de soltera, aunque el novio no es invitado, es habitual que el novio llegue al final de la reunión para agradecer a los presentes y recoger a su prometida.

- La despedida de soltero la organizan los amigos; no debe servir de excusa para cometer excesos.

Regalos
- Listas de regalos. Se inscriben en los almacenes y son una guía para que no se repitan los regalos.
- La entrega de regalos, se hace con dos días de anticipación y debe ser sencilla para no fatigar a los novios.
- La novia tomará atenta nota de los regalos recibidos, para agradecer a cada persona, cuando regrese de la luna de miel.
- Si por algún motivo la boda es cancelada, los regalos recibidos deben ser devueltos.

Ceremonia
- El lugar de la ceremonia debe reservarse con anticipación.
- El novio llega del brazo de la madre, y espera a la novia al pie del altar. El padre entrega a su hija al novio en la mitad del templo y éste la recibe con la mano izquierda.
- Los pajes y las damitas han de ser niños que sepan comportarse bien.
- Se acostumbra arrojarles arroz a los recién casados, después de la ceremonia; significa felicidad y prosperidad.

Recepción
- La madre de la novia es la encargada de acomodar a los invitados.
- Cuando han llegado todos los invitados se ofrece un coctel.
- La rifa del ramo y de la liga es un gesto simpático.
- Las fotografías y el video se deben hacer si incomodar a los novios ni a los invitados.
- Cuando llegue el momento de partir, los novios lo harán con discreción

Aniversarios
Significado de los aniversarios

1 año Papel
2 años Algodón
3 años Cuero
4 años Lienzo
5 años Madera
6 años Hierro
7 años Cobre
8 años Bronce
9 años Cerámica
10 años Estaño
11 años Acero
12 años Seda
13 años Encaje
14 años Marfil
15 años Cristal
20 años Porcelana
25 años Plata
30 años Perla
35 años Coral
40 años Rubí
45 años Zafiro
50 años Oro
55 años Esmeralda
60 años Diamante

1.6. PROTOCOLO Y ETIQUETA

La etiqueta describe el sistema de regulaciones del comportamiento social tanto en actos cotidianos como solemnes, de acuerdo con las costumbres establecidas previamente; cuando nos referimos al comportamiento en eventos oficiales o gubernamentales empleamos la palabra protocolo.

El hogar es la escuela por excelencia en la cual aprendemos desde niños los buenos modales, el respeto y la cortesía hacia las personas que nos rodean.

La etiqueta se aplica en todas partes y mejora la calidad de vida.

Modales en la mesa

La mesa es uno de los lugares donde más se refleja el grado de educación de una persona.

- No tomemos asiento en la mesa antes de que lo hayan hecho nuestros padres o las personas de mayor respetabilidad.

- Al sentarse a la mesa cada persona desdobla la servilleta y la extiende sobre las rodillas, ella tiene por objeto sólo limpiarse los labios.

- Nunca apoyar los codos sobre la mesa.

- La cuchara y el cuchillo se manipulan con la derecha.

- El tenedor se maneja con la derecha cuando los alimentos no necesitan ser divididos con el cuchillo.

- El pan en la mesa siempre va a la izquierda; los vasos, las copas, y las tasas a la derecha.

- Nunca ofrecer a otra persona alimentos que ya hayan tocado nuestros labios.

- Son actos impropios oler las comidas o bebidas, o soplarlas.

- Son también actos impropios: hacer ruido al masticar, sorber con ruido los líquidos calientes, hacer sopas en el plato, tomar bocados muy grandes, llevar huesos a la boca, arrojar al suelo alguna parte de la comida o de la bebida, limpiar las encías o extraer partículas de la comida por medio de la lengua.

- Si la comida nos causa desagrado hay que disimular.

- Cuando hayamos terminado de comer se ponen los cubiertos dentro del plato.

- No olvidemos limpiarnos los labios antes de beber agua o licor.

- Cuando nos veamos en la imperiosa necesidad de toser o estornudar, utilizar el pañuelo y volvámonos siempre hacia un lado y hagámoslo con la mayor discreción.

- En la mesa están severamente prohibidas las discusiones, las noticias sobre enfermedades, muertes o desgracias que puedan causar impresiones desagradables.

- Para levantarse de la mesa, esperamos que se ponga de pie la persona que la presida.

- Los platos deben ofrecer siempre una apariencia agradable a la vista.

- La salsa se toma con una cucharilla.

- No nos sirvamos nunca demasiado de ningún manjar.

- Es impropio servir licor o agua hasta llenar enteramente en vaso.

- No extienda los brazos por encima de los platos de los demás.
- No hable mientras mastica.

- Muestre compostura al comer.
- Sea puntual, pero no llegue muy temprano.
- Espere que el anfitrión le indique el lugar que ocupará en la mesa.
- Trate de comer ni despacio ni rápido.
- No utilice palillo.
- Beba en silencio, mirando el fondo de la copa.
- Sólo corte la porción de carne que se va a comer.
- Mientras mastica, los cubiertos deben estar en el plato.
- Las semillas, huesos pequeños y espinas se ponen en el borde del plato.
- Si no puede evitar el bostezo, disimúlelo lo mejor posible.
- Compruebe la temperatura, antes de llevar un cubierto con alimento a la boca.
- De las gracias al camarero al final de la comida.
- Si se atraganta mientras come, lo correcto es levantarse y pedir ayuda inmediatamente.
- Para empezar a comer, es preciso que empiecen los anfitriones, lo mismo al levantarse de la mesa.
- En un plato típico como el sancocho, la presa de pollo debe comerse en el mismo plato con el tenedor y el cuchillo.
- El pan no debe comerse antes de que sirvan la comida, sino con el mismo plato.
- Los espaguetis se comen con tenedor.
- Si cayó accidentalmente un alimento sobre el mantel, utilice el cubierto y póngalo en el borde del plato.
- Los únicos alimentos que se cortan con cuchillo son las carnes, los demás (yuca, plátano, apio, tomate) se parten con tenedor siguiendo la dirección de las fibras.
- La regla general es servir por la izquierda y retirar por la derecha, igual si se sirve en bandeja.
- La ensalada se sirve en un plato pequeño, a la izquierda del plato principal.
- Los cubiertos se ponen de la siguiente manera: al lado derecho del plato el cuchillo, con el filo hacia el plato, seguido de la cuchara; al lado izquierdo el tenedor, y en la parte superior la cuchara pequeña y el tenedor para el postre.

- La sopa y las entradas pueden servirse antes de que los invitados pasen a la mesa.
- El mesero ofrece los platos con la mano izquierda, y si la bandeja es muy pesada, la puede sostener con ambas manos.
- La cuchara y el tenedor de servir, se ponen sobre la bandeja, hacia abajo, con los mangos en dirección al invitado.
- Los platos se levantan cuando todos los invitados han terminado de comer, sólo si es un gran banquete, se hace a medida que van terminando.
- Cualquier alimento que se lleve a la mesa debe ser presentado en bandeja.

Los vinos

- Los vinos tintos acompañan: carnes rojas, platos condimentados, quesos fuertes fermentados.
- Vinos rosados y tintos ligeros: entradas, carnes frías, aves, carnes blancas, pastas.
- Vinos blancos y rosados: consomés, sopas, entradas, crustáceos, mariscos, pescados y quesos frescos.
- Champaña y cava brut, todos los platos, excepto postres.
- Champaña cava y vino espumoso semiseco, postres.

Precedencias

¿Qué lugar debemos ocupar en la mesa de nuestra casa?
¿Quién debe ir a la izquierda o a la derecha cuando caminamos por la acera de una calle?
¿Qué rango es más alto a nivel gubernamental?

Para responder este tipo de inquietudes es necesario saber qué son las precedencias y cómo se aplican. Las precedencias son los privilegios o las preferencias que recibe una persona u objeto con respecto a otros. Todos los estados tienen un régimen de precedencias por medio del cual se establece el lugar que deben ocupar las personas en los actos protocolarios de acuerdo con su rango y jerarquía. Además, las precedencias rigen a nivel estatal, eclesiástico, militar, empresarial y familiar.

A nivel estatal

Colombia

En Colombia las precedencias están regidas por el Decreto No. 770 del 12 de marzo de 1982, por medio del cual se expide el reglamento de Protocolo y Ceremonial de la Presidencia de la República. (Las precedencias de los cargos creados a raíz de la reforma de 1991 a la Constitución son transitorias, pues el decreto de actualización correspondiente no ha sido promulgado aún.)

En Colombia el orden de precedencia es el siguiente (lo marcado con asterisco (*) son los nuevos cargos, con la precedencia que se cree deberán tener):

- Presidente de la República.
- Cardenal Primado.
- Ex presidentes de la República.
- Vicepresidente de la República.
- Ministro de Relaciones Exteriores (si hay diplomáticos o personalidades extranjeras).
 Decano del cuerpo diplomático.
- Embajadores extranjeros (la precedencia es dada por el orden en que los embajadores llegan al país y la fecha de presentación de cartas credenciales).
- Presidente del Congreso de la República.
- Presidente de la Corte Suprema de Justicia.
- Presidente de la Cámara de Representantes.
- (*)Presidente de la Corte Constitucional.
- Presidente del Consejo de Estado,

- (*)Presidente del Consejo Superior de la Judicatura.
- Presidente del Tribunal Disciplinario.
- (*)Presidente del Consejo Electoral.
- (*)Fiscal general de la Nación.
- Ministros de Estado, en el siguiente orden: Interior (sólo se cambió el nombre), Relaciones Exteriores, Justicia, Hacienda, Defensa Nacional, Agricultura, Trabajo, Salud, Desarrollo, Minas y Energía, Educación, Comunicaciones, Transporte, Comercio Exterior (*), Medio Ambiente.
- Secretario general de la Presidencia.
- Embajadores colombianos (si hay personalidades o diplomáticos extranjeros).
- Comandante general de las Fuerzas Militares.
- Generales y Almirantes de las Fuerzas Militares y de la Policía Nacional.
- Procurador General de la Nación.
- (*)Defensor del pueblo.
- Contralor General de la República.
- Registrador del estado civil.
- Alcalde mayor de Bogotá.
- Jefe del Departamento Nacional de Planeación.
- Jefes de departamentos administrativos (por orden de creación): Aeronáutica Civil (Aerocivil), Estadística (DANE), Función Pública (DAFP), Cooperativas (Dancoop).
- Viceministros de Relaciones Exteriores.
- Mayores Generales y Vicealmirantes.
- Viceministros (mismo orden que los ministros).
- Gobernador de Cundinamarca.
- Gobernadores (por orden alfabético).
- Brigadieres Generales y Contraalmirantes.
- Arzobispos y Obispos.
- Senadores de la República.
- Representantes a la Cámara.
- Alcaldes de capitales.
- Magistrados dé la Corte Suprema de Justicia.
- Magistrados de la Corte Constitucional.
Consejeros de Estado.
- Magistrados del Consejo Superior de la Judicatura.

- Magistrados del Tribunal Disciplinario.
- Secretario general del Ministerio de Relaciones Exteriores (si hay diplomáticos extranjeros).
- Director general de protocolo del Ministerio de Relaciones Exteriores y jefe de la Casa Militar de la Presidencia.
- Coroneles y capitanes de navío.
- Secretarios del Departamento Administrativo de la Presidencia.
- Consejeros del señor Presidente de la República.
- Encargado de negocios ad ínterin.
- Tenientes coroneles y capitanes de fragata.
- Asesores del señor Presidente de la República.
- Ministros consejeros.
- Secretarios generales de los ministerios.
- Subsecretarios del Ministerio de Relaciones Exteriores.
- Subdirector de protocolo del Ministerio de Relaciones Exteriores.
- Superintendentes (por orden de creación de superintendencias).
- Gerentes de institutos descentralizados (por orden de creación de los institutos): CAPRECOM (noviembre de 1912), Banco Agrario (mayo de 1931), Banco Central Hipotecario (junio de 1932), Instituto Agustín Codazzi (diciembre de 1935), Inurbe (antes ICT; enero de 1939), Instituto Caro y Cuervo (marzo de 1940), IFI (junio de 1940), Instituto Nacional de Salud (enero de 1943), ISS (diciembre de 1946), ICEL (diciembre de 1946), Telecom (mayo de 1947), Banco Popular"(julio de 1950), ICETEX (agosto de 1950), Ecopetrol (enero de 1951), Corferias (junio de 1954), Instituto de Asuntos Nucleares (marzo de 1956), ESAP (septiembre de 1956), SENA (junio de 1957), Corturismo (octubre de 1957), Banco Ganadero (mayo de 1959), Artesanías de Colombia (diciembre de 1959), Incora (diciembre de 1961), ICA (junio de 1962), Adpostal (diciembre de 1963), Corelca (diciembre de 1967), Coldeportes (noviembre de 1968), Colciencias (noviembre de 1968), INCOMEX (diciembre de 1968), FONADE (diciembre de 1968), Fondo Nacional del Ahorro (diciembre de 1968), Colcultura (diciembre de 1968), Ingeominas

(diciembre de 1968), Prosocial (junio de 1974), INAT (enero de 1976), ICBF (diciembre de 1976).

A nivel Eclesiástico
En la iglesia católica, las precedencias también son observadas estrictamente. El orden establecido para las jerarquías religiosas a nivel universal son:
- Papa
- Cardenales
- Arzobispos
- Obispos
- Monseñores
- Sacerdotes

A nivel Militar
Las precedencias de las autoridades militares, están determinadas por el grado y la antigüedad de los miembros de las Fuerzas Militares y de la sucesión legal de mando, así:
- Ejército
- Armada
- Fuerza Aérea
- Policía

Orden y jerarquía en las precedencias militares
- Presidente de la República
- Ministro de Defensa
- Fuerzas Armadas de Colombia
- Comando Fuerzas Militares
- Policía Nacional

Precedencia general de las autoridades de un mismo nivel
- Autoridades Civiles
- Autoridades Eclesiásticas
- Autoridades Militares
- Autoridades de Policía

A nivel empresarial

Las precedencias a nivel empresarial en las empresas, se basan en su organigrama.

A nivel familiar
En la familia las precedencias son así:
- El padre
- La madre
- Los hijos (de mayor a menor)
- Los yernos y las nueras (la lista la encabeza el primero en contraer matrimonio), los nietos de mayor a menor.

1.7. COMUNICACIONES

El objetivo de los siguientes textos, es servir de ejemplo para ilustrar en determinado momento cómo se deben disponer mensajes de felicitación, condolencia, exaltación. Toda comunicación debe llevar lugar, fecha y destinatario.

Consagración de la Municipalidad de Piedecuesta al Sagrado Corazón de Jesús

En tu casa y tus pies Oh Divino Señor, hijo de Dios hecho carne, el ungido, el enviado, el escogido como Redentor del mundo, el Salvador del género humano y el Supremo Rey de las naciones, nos postramos en esta tarde reservada por la santa iglesia católica para dorarte y rendirte el más alto tributo de veneración y de respeto y depositar la ofrenda de nuestras personales oraciones y promesas en manifiesta gratitud por los favores recibidos en lo individual, pero dada nuestra condición de autoridad local, en lo institucional y social.

Elevamos ante el altar de Dios, la plegaria de nuestra sociedad representada en nuestras instituciones de servicio, los centros educativos, las entidades y empresas comerciales, las madres comunitarias, los comunales, los desplazados, los ciudadanos en general y los enfermos y como respuesta a nuestra sumisión, acatamiento y adoración, ponemos a Piedecuesta, nuestro amado terruño en tus manos, a tus pies y en tu propio corazón abierto permanentemente al amor, para que mediante la fórmula sagrada de la consagración quedemos amparados contra todo daño, contra todo peligro, contra todo mal, y que al confirmar nuestra incondicional adhesión y entrega y la del municipio a tus impenetrables designios nos bendigas y nos asistas durante todo este año en tu generosidad trinitaria con el Dios Padre, con el Dios Hijo y con el Dios Espíritu Santo, así sea.
Templo de San Francisco Javier de Piedecuesta (Fecha)

_____

El Alcalde

Bodas de Plata de una Institución

El Alcalde de la Municipalidad de ……………………………..., los Secretarios del Despacho, los Funcionarios de la Administración y la ciudadanía, se unen al regocijo que embarga en fecha tan importante a la Comunidad Educativa... Veinticinco años de la creación de la importante Institución, identifican los valores y el sentimiento cívico de los estudiantes, padres de familia, ex alumnos y docentes.

Congratulaciones del gobierno unido a los mejores deseos por el bienestar y prosperidad.
(Lugar, fecha)

Congratulación Oficial

(Lugar, fecha)
……………………………………..., Alcalde de la hidalga Municipalidad de Piedecuesta, los Secretarios del Despacho y los Funcionarios de la Administración local, nos hacemos partícipes de la celebración cívica de Aniversario del Estudiantado Normalista, con motivo de cumplir la Escuela Normal Nacional, cincuenta y cuatro años de vida institucional en actividad pedagógica.

Generaciones de jóvenes procedentes de diversas regiones del Oriente Colombiano, encontraron en la Escuela Normal de Piedecuesta, la oportunidad de profesionalizarse como Maestros en Grado Superior.

Hoy, la Institución pedagógica, modelo de formación, continúa cosechando reconocimiento en valores, al amparo del gran propósito: conducir en la ciencia y en la virtud.

Qué gran slogan del saber: "Ser maestro es un honor".

Felicitaciones.

_____

El Alcalde

Agradecimiento

(Lugar, fecha)

Doctor:

..
Presidente Honorable Asamblea Departamental
Ciudad

La Hidalga Municipalidad de.............................. agradece a la Honorable Corporación Edilicia la exaltación y el reconocimiento que se le ofrece al Doctor..., en la fecha, como justo galardón a su inteligencia, elevado espíritu de servicio y sus notables ejecutorias en beneficio de la comunidad santandereana.

(Nombre de la ciudad), receptora de su indeclinable accionar y beneficiaria de sus importantes obras, testimonia en sus autoridades y la ciudadanía el aprecio y la solidaridad para con el homenajeado.

Felicitaciones Doctor ....

_____

El Alcalde

Reconocimiento de solidaridad
(Nombre), Alcalde municipal, los Secretarios del Despacho, los Funcionarios de la Administración Local y la ciudadanía de la Hidalga Municipalidad de...

Hacemos público reconocimiento en la solidaridad, en institucional apoyo y en la gratitud comunitaria a la Caja Santandereana de Subsidio Familiar, CAJASAN, entidad de servicio en el oriente colombiano desde su creación, el día diez de septiembre de 1957.

Obra que en medio siglo de provechosa existencia, ha logrado consolidar servicios y ofertas de bienestar a la población, tanto en subsidios como en salud, crédito, capacitación, educación, recreación, turismo, deportes, fomento empresarial, mercadeo, vivienda y programas especiales.

En la persona del Ingeniero..., su actual Director, CAJASAN ha logrado con el mayor de los éxitos perfeccionar y ampliar considerablemente las coberturas en el sustento de familias trabajadoras. La comunidad de... en especial, se ha visto fortalecida en la seguridad social gracias a la presencia y participación de la entidad, hecho que nos ha permitido como gobierno, llegar con notables alivios a las familias tanto del sector urbano como rural, lo mismo que a la población desplazada.

(Lugar y fecha)

_____

El Alcalde

Día del Educador

La Administración Municipal en cabeza del señor Alcalde y su Equipo de Gobierno, exalta y congratula a los educadores en su día.

Su ministerio pedagógico unido a la vocación de servicio, son valiosos pilares en la formación de los educandos, para el fortalecimiento de la institucionalidad.

Cordial felicitación.

Día del Campesino

Las Instituciones de Servicio y el Voluntariado social del municipio, hacen pública la manifestación de reconocimiento y gratitud a los hombres y mujeres que inclinados sobre la madre tierra, hacen brotar la variedad de productos que enriquecen la economía y el desarrollo nacional.

Felicitaciones en su día.

Día del niño

Todo niño al nacer trae para el mundo, el mensaje de que Dios no ha perdido la confianza en los hombres (Rabindranat Tagore).

La sabiduría del pedagogo y poeta hindú, toma vigencia en esta fecha en la cual los niños, son los dueños de la felicidad que nos embarga.

La Patria existirá mientras las generaciones se renueven.

Felicitaciones a los niños, futuro del mundo.

Día del anciano

Bendiciones del cielo para los gestores de tantas jornadas de civismo y servicio, que fueron desgranando con el correr de los años, fertilidad, progreso y bienestar.

En los ancianos se copia una trilogía de valores: el equilibrio, la prudencia y la sabiduría. Son como el péndulo que interesa la marcación de las horas de la existencia.

Ya la vida se ha ido
silenciosa y veloz,
y queda en el ambiente
un hilito de voz,
recordando muy quedo
las horas del reloj...

Ramillete de abrazos.

Día de la mujer

La mujer es la sublime aritmética de la vida, es la suma de los dolores, la resta de las alegrías, la multiplicación de los sacrificios y la división prodigiosa del amor.

El hogar se fortalece y alimenta con la innata capacidad de la mujer, que lo va entretejiendo hasta construir la red que acapara la atención y el amor entre el cónyuge y la familia.

Benditas sean las mujeres del mundo.

Felicitación por designación de un cargo

Apreciado señor y amigo:
Al enterarme de su merecida designación, en el cargo de ... , reciba el saludo y congratulación de nuestra familia, quienes unidos a tan importante acontecimiento, le estamos deseando el mejor de los éxitos en su nueva y trascendental misión.

Atento saludo.

Agradecimiento por haber obtenido un favor

Deseo agradecer a Usted, el importante favor obtenido relacionado con (mi vinculación laboral ...., mi traslado a ....,la exaltación de la cual fui objeto por parte de la entidad a la cual pertenezco.. ....)

Atento saludo.

Solicitud de entrevista

Apreciado señor:

Molesto su tan ocupada labor, para solicitarle encarecidamente, una entrevista orientada en asuntos de mi vida personal.

Quedo a la espera de la fecha y hora señalados, para cuyo efecto consigno mi teléfono...

Agradezco la atención que se digne prestar a la presente.

Moción oficial de duelo

El Alcalde Municipal..............., los Secretarios del Despacho, los Funcionarios y la ciudadanía del la Hidalga Municipalidad de.............., lamentamos la temprana desaparición terrena, de ...., hijo de este pueblo y miembro de las nuevas legiones en la Policía Nacional.

Nombre del finado.....................mantiene la memoria y el recuerdo en quienes lo conocieron y lo trataron en amistad durante su infancia, su adolescencia y su juventud, tres momentos de sus existencia, en los que mostró su espíritu alegre y sus intenciones de ser útil a la sociedad.

Son altas las cuotas de agentes, suboficiales y oficiales fallecidos en combate y como ....(nombre del finado) es lamentable su partida en momentos en los cuales le prestaba sus servicios a la patria.

La Administración Local se une a alas manifestaciones de solidaridad recibidas por el Departamento de Policía de Santander y hace llegar a los padres del joven patrullero..................... y a su pequeño hijo y relacionados de familia, los sentimientos de condolencia oficial.

Vaya en paz, amigo servidor de Institución más respetada por la ciudadanía y quede su trayectoria y ejemplo como prenda y lección para sus compañeros en el servicio.

Ofíciese copia de la presente moción al Departamento de Policía Santander, a sus padres y publíquese en el Boletín Informativo de la Alcaldía Municipal

_____

El Alcalde

Aniversario de la ciudad

- Unidos al gobierno y a la propia ciudadanía, celebramos con especial complacencia el Aniversario de la ciudad.

- Deseamos para la tierra que nos vio nacer, toda la prosperidad y la grandeza.

- Reiterada exaltación para la ciudad que aprendimos a amar.

Cumpleaños de una persona

Reciba en este día tan especial, mi saludo con los mejores votos por su felicidad personal.

Un cumplido más en medio de tantas expectativas de vida, todas ellas enriquecidas por la multiplicidad de valores, que la engrandecen en el transcurrir de su pródiga existencia.

Felicidades.

Excusa por no asistencia

Respetuoso saludo.

De manera atenta, excuso mi asistencia en la reunión de la fecha..., en razón de compromiso insalvable contraído con anterioridad.

Atentamente,

Decreto de Honores

Es el documento en el cual se exaltan y se reconocen los valores humanos, profesionales e institucionales, ejemplarizando con sus acciones el engrandecimiento social.

Debe llevar por lo menos dos considerandos que resuman, primero el motivo de la exaltación y segundo los valores y alcances de vida del homenajeado.

Este documento o decreta o resuelve, debe limitarse a anunciar la clase de exaltación que se otorga y el momento en que se le impondrá. Finalmente el lugar, fecha y firmas.

El Decreto

Con el Decreto o Resolución de exaltación a la persona, se toma un abreviado que señala el tipo de distinción que se confiere, la entidad que lo otorga y la persona que se hace acreedora a la distinción.

Lleva también lugar, fecha y firmas.

REPÚBLICA DE COLOMBIA
HIDALGA MUNICIPALIDAD DE PIEDECUESTA

DECRETO N°......
(Fecha)

POR EL CUAL SE HACE RECONOCIMIENTO OFICIAL Y SE CONCEDE MENCIÓN DE HONOR A UN CENTRO EDUCATIVO DE LA LOCALIDAD

EL ALCALDE DE LA HIDALGA MUNICIPALIDAD DE PIEDECUESTA EN USO DE LAS FACULTADES QUE LE CONFIERE EL ACUERDO N° 024 de JULIO 16 DE 1990, POR EL CUAL SE ESTABLECEN LAS DISTINCIONES DE LA CIUDAD,

CONSIDERANDO

Que la Institución Educativa COLEGIO DEPARTAMENTAL BALBINO GARCÍA, creado en el año de 1943, cumple 64 años de sobresaliente, cultivada y provechosa existencia al servicio del estudiantado local.

Que eminentes ciudadanos representativos de la municipalidad, interesaron, impulsaron y apoyaron la idea del ilustre pedagogo Don Balbino García a cuya memoria se erigió el centro educativo, amasado con altruismo y ejemplar civismo por la familia García Araoz quien lo hizo realidad.

Que por los años 1950 el propio Balbino García hizo propicio el ambiente para la creación de la Escuela Normal Superior de Varones.

Que dadas las consideraciones históricas,

DECRETA:

ARTICULO PRIMERO. Reconózcase y exáltese ante la comunidad social de Piedecuesta la obra ejemplarizante del **COLEGIO BALBINO GARCÍA** en sus sesenta y cuatro años de creación.

ARTÍCULO SEGUNDO. Menciónese y hágase pública la distinción del Gobierno Municipal para su actual Rectora, educadora ELSA JAIMES DE CARVAJAL De igual manera para el Personal Docente y Administrativo de la Institución, a quienes con orgullo los cobija el honor de ser multiplicadores en el tiempo de la obra que con justísimo razón es mencionada como el **"GLORIOSO COLEGIO BALBINO GARCÍA".**

ARTÍCULO TERCERO. Entréguese en pergamino de estilo el presente Decreto en la ceremonia de celebración del Segundo Banquete Balbinista, el 5 de octubre de 2007.

Dado en Piedecuesta, a los 5 días del mes de octubre de 2007.

_____
Alcalde Municipal

Resolución

Resolución No.....
(Fecha)

"Por medio de la cual se concede la condecoración..."

El Concejo Municipal de Piedecuesta
en uso de sus facultades legales y,

Considerando:

A. Que mediante Acuerdo Municipal No... de (año) se creó la Condecoración del civismo y servicios prestados al Municipio de Piedecuesta "General José María Mantilla" Para exaltar y estimular a todas aquellas personas que han sobresalido por su trabajo incansable en los campos social, educativo, cultural, económico, y cívico de la región.

B. Que la dama ..., escritora costumbrista de la Ilustre Villa del Garrote, ha venido comunicándose, sintiéndose, asombrándose, y viviendo incansable y laboriosamente por el rescate de las creencias e identidad cultural de nuestra Patria Chica a través de sus obras literarias gestadas y publicadas para el mundo lector.

C. Que sesión ordinaria del (día, mes, año), mediante proposición presentada a la plenaria por el honorable concejal..., se aprobó otorgar la condecoración del Civismo y servicios prestados a Piedecuesta "General José María Mantilla" a...

Resuelve:

Artículo 1°   Otórgasele **la Condecoración "General José María Mantilla"** a la ilustre piedecuestana:

....

Maestra de las letras que ha dedicado la trayectoria de su vida al servicio de la comunidad con invaluables aportes al desarrollo y progreso cultural de la Villa de San Carlos del Pie de la Cuesta.

Artículo 2°   El Presidente de la Corporación Otorgara la condecoración en el acto protocolario del cumpleaños (No) de Piedecuesta, el día veintiséis de julio de ..., en ...

Artículo 3°   Entréguese copia de la presente Resolución en nota de estilo a la Ilustre condecorada.

Comuníquese y Cúmplase

Se expide en Piedecuesta, a los ..., días del mes de Julio de (año en letras y en numero),

(Nombre y firma)   (Nombre y firma)
Presidente   Secretaria

Resolución

Arquidiócesis de Bucaramanga
Parroquia San Francisco Javier
Piedecuesta

Resolución No…..
(Fecha)

Por la cual se confiere la
"Orden San Francisco Javier"

El Párroco, el Concejo Pastoral y el Comité Organizador
Del XI Banquete de la Fraternidad Parroquial

Considerando:

Que por resolución No. 008 del 28 de Agosto de 1998, se creó la "Orden San Francisco Javier", destinada a reconocer y exaltar el mérito Pastoral y Misionero de las personas que por su constante y ejemplar participación, contribuyen a la formación en la fe y la promoción de los fieles de la parroquia de san Francisco Javier del municipio de Piedecuesta.

Que la distinción creada, busca estimular a los Laicos, religiosos y religiosas, que hayan dedicado su vida o estén comprometidos constante y ejemplarmente en la tarea pastoral parroquial.

Resuelven:

Artículo Primero: Conferir la distinción Parroquial "Orden de San Francisco Javier" al señor:

………………………………………

Por sus meritos como Historiadora y Escritora; por su celo en el bienestar y desarrollo armónico de la comunidad piedecuestana, por sus servicios Pastorales a la Parroquia y por su testimonio de vida cristiana.

Artículo Segundo: Imponer la distinción mencionada, a la señora .... en ceremonia que se cumplirá el día ... del mes ..., en el templo parroquial, con motivo de celebrarse el ..., banquete de la Fraternidad Parroquial.

Comuníquese y cúmplase

Dada en Piedecuesta a los 23 días del mes de agosto del (año).

(Nombre y firma)
Párroco de San Francisco Javier de Piedecuesta

(Nombre y firma)
Presidente del Comité
del Banquete

(Nombre y firma)
Secretario del Comité
del Banquete

(Nombre y firma)
Secretaria del Consejo
de la Orden

(Nombre y firma)
Secretaria del
Consejo de Pastoral

Resolución

Colegio de La Presentación
Piedecuesta

Resolución
(Fecha en letra)

Por la cual se resalta el sentido de pertenencia y la vivencia de los valores Humanos, Cristianos de Exalumnas y Exalumnos destacados.

El Consejo Directivo del Colegio de La Presentación de Piedecuesta y en su nombre la Hermana Rectora del Colegio, en uso de sus facultades legales otorgadas por le Ministerio de Educación y las directrices trazadas en el Proyecto Educativo Institucional:

Considerando:

1°. Que el 30 de abril del año dos mil tres, la comunidad educativa del Colegio de las Hermanas dominicas de La Presentación de Piedecuesta, realiza el acto protocolario de la "Inauguración de la restauración de Nuestro Claustro".

2°. Que es deber de toda Institución exaltar la labor de sus Exalumnas y Exalumnos, a través de su desempeño en el diario vivir.

3°. Que es deber de las Directivas del Colegio exaltar los méritos obtenidos en su vida profesional y familiar, haciendo honor al título de de alumnos de La Presentación.

4°. Que la Institución a través del Consejo Directivo y su Presidenta la Hermana Rectora del Colegio, debe crear signos y símbolos que reflejen los estímulos
Para la ocasión que ameriten.

Resuelve:

Artículo Primero: Resaltar ante la Comunidad Educativa del Colegio de La Presentación y por hecho propio ante la ciudadanía de Piedecuesta, la vida ejemplar de Exalumnos y Exalumnas que hacen honor al Colegio.

Artículo Segundo: Reconocer por medio de esta Resolución, en nota de estilo y condecorar con la Orden Gran Cruz Educativa "Marie Poussepin" a las personas que se han destacado por su piedad, sencillez y trabajo, lema de los Colegios de La Presentación.

Artículo Tercero: Reconocer en nota de estilo y condecorar con la Orden "Gran Cruz Educativa Marie Poussepin" a la señora..., preclara Exalumna de La Presentación.

Artículo 4°: Hacer entrega en nota de estilo de la presente Resolución y condecorar como lo manda la misma a la señora..., en acto especial que se realizará el día... (fecha, día, mes, año).

Hermana...

Rectora

DISTINCION
"AURELIO MARTINEZ MUTIS"

Otorgada en el
CENTÉSIMO DÉCIMO TERCER
Aniversario del nacimiento del Maestro y Poeta
Don Aurelio Martínez Mutis
Y en el TRIGEISMO año
De fundación del Colegio,
A la Docente

....

Como justo reconocimiento a sus cualidades y calidades humanas y profesionales, destacándose en el campo literario.

(Nombre y firma)	(Nombre y firma)
Rector	Secretaria

Mención de Honor

Concejo Municipal de Piedecuesta

Reconoce y Exalta

Al Señor

....

Por su invaluable testimonio de Amor Cristiano
puesto al servicio de la comunidad desde el Arte,
de las Letras en nuestra Villa de San Carlos
del Pie de la Cuesta

Piedecuesta, (día, mes, año)

___(Nombre y firma)   ___(Nombre y firma)
Presidente del Concejo   Secretaria General

Distinción

Universidad de Pamplona
Departamento de Bienestar Universitario

DISTINGUE
Con Poemas y Canciones de la Patria
a la Escritora:

....

Como Homenaje de reconocimiento y gratitud
por su labor cultural.

Expositores

Alfredo Barriga Ibáñez - Juan de Dios Peláez Herrera

Mons. Rodolfo Contreras   Mons. Benito Contreras Eugenio
Rector   Director
                          Bienestar Universitario

ORDEN DEL GARROTE

"Máxima Distinción de la ciudadanía del LA Villa de Carlos del Pie de la Cuesta, en testimonio de la Dedicación y el Esfuerzo, motores del Desarrollo Social de la Región."

Otorgada por

El Club de Leones Piedecuesta Monarca
Resolución Número 003 de 20 de septiembre de 1995

A

....

EXALTACIÓN, RECONOCIMIENTO Y GRATITUD

Impuesta en Sesión Solemne del Club de Leones, el Auditorio Mayor del Colegio de La Presentación de Piedecuesta, el día seis de octubre de mil novecientos noventa y cinco

1.8. ACCION DE TUTELA

Constitución Política de Colombia

El Decreto 2591 de 1991, noviembre 19. Por el cual se reglamenta la acción de tutela consagrada en el Artículo 86 de la Constitución Política de Colombia.

Artículo 86. Toda persona tendrá acción de tutela para reclamar ante los jueces, en todo momento y lugar, mediante un procedimiento preferente y sumario, por sí misma o por quien actúe en su nombre, la protección inmediata de sus derechos constitucionales fundamentales, cuando quiera que estos resulten vulnerados o amenazados por la acción o la omisión de cualquier autoridad pública.

La protección consistirá en una orden para que aquel respecto de quien se solicita la tutela, actúe o se abstenga de hacerlo. El fallo que será de inmediato cumplimiento, podrá impugnarse ante el juez competente y, en todo caso, éste lo remitirá a la Corte Constitucional para su eventual revisión.

Esta acción sólo procederá cuando el afectado no disponga de otro medio de defensa judicial, salvo que aquella se utilice como mecanismo transitorio para evitar un perjuicio irremediable.

En ningún caso podrán transcurrir más de diez días entre la solicitud de tutela y su resolución.

La ley establecerá los casos en los que la acción de tutela procede contra particulares encargados de la prestación de un servicio público o cuya conducta afecte grave o directamente el interés colectivo, o respecto de quienes el solicitante se halle en estado de subordinación o indefensión.

CAPITULO I

Art. 14. Contenido de solicitud. Informalidad. En la solicitud de tutela se expresará, con la mayor claridad posible, la acción o la omisión que la motiva, el derecho que se considera violado o amenazado, el nombre de la autoridad pública, si fuera posible, o del órgano autor de la amenaza o del agravio, y de la descripción de las demás circunstancias relevantes para decidir la solicitud. También contendrá el nombre y el lugar de residencia del solicitante.

No será indispensable citar la norma constitucional infringida, siempre que se determine claramente el derecho violado o amenazado.

La acción podrá ser ejercida, sin ninguna formalidad o autenticación, por memorial, telegrama y otro medio de comunicación que se manifieste por escrito, para lo cual se gozará de franquicia. No será necesario actuar por medio de apoderado.

En caso de urgencia o cuando el solicitante no sepa escribir o sea menor de edad, la acción podrá ser ejercida verbalmente.

El juez tendrá que atender inmediatamente al solicitante, pero sin poner en peligro el goce efectivo del derecho, para exigir su posterior presentación personal para recoger una declaración que facilite proceder con el trámite de la solicitud, u ordenar al secretario levantar el acta correspondiente sin formalismo alguno.

Art. 15. Trámite preferencial. La tramitación de la tutela estará a cargo del juez, del Presidente de la sala o del Magistrado a quien éste designe, en turno riguroso, será substanciada de prelación para locuaz se pospondrá cualquier asunto de naturaleza diferente, salvo el Habeas Corpus.

Los plazos son perentorios e improrrogables.

Art. 16. Notificaciones. Las providencias que dicten se notificarán a las partes intervinientes, por el medio que el juez considere más expedito y eficaz.

¿Cómo presentar una tutela?
Ciudad y fecha

Señor:
Juez
Ciudad

Asunto: Acción de tutela

Accionante:
Accionado:
_____, identificado (a) como aparece al pie de mi firma, ante usted respetuosamente acudo para promover en (en nombre propio, o en representación de o como agente oficioso de), ACCION DE TUTELA, de conformidad con Artículo 86 de la Constitución Política y el Decreto Reglamentario 2591, con el objeto de que se ampare los derechos constitucionales fundamentales que considero amenazados y/o vulnerados por la (indicar aquí la autoridad o el particular contra quien se dirige la acción).

Esta petición se fundamenta en los siguientes:

HECHOS
Derechos amenazados y/o vulnerados Considera, que con (describir la acción u omisión) de .... Nombre de la persona o entidad accionada, se vulneran y/o amenazan los derechos constitucionales fundamentales de .... garantizados por la Constitución Política, lo que permite promover esta acción constitucional de protección para que se otorgue el amparo oportuno y eficaz.

Petición

Con fundamento en los hechos narrados y en las consideraciones expuestas, respetuosamente solicito al señor juez TUTELAR a (indicar nombre de la persona que se quiere proteger mediante este mecanismo derechos constitucionales fundamentales invocados, ordenándole a .... (nombre de la persona contra quien se dirige la acción), que .... (objeto de la solicitud).

Juramento

Bajo la gravedad del juramento me permito manifestarle que por los mismos hechos y derechos no he presentado petición similar ante ninguna autoridad judicial.

Pruebas

Para que obren como tales me permito aportar, en fotocopia informal, los siguientes documentos:

Direcciones
Accionado:

Yo recibiré notificaciones en la secretaría de su Despacho o en la siguiente dirección: dirección-teléfono.

Atentamente,

_____

C.C.

BIBLIOGRAFIA

Arbeláez Federico. Educación Cívica y Social. Editorial Voluntad. Bogotá, D.E. Colombia.

Arbeláez Lema Federico. Cívica Superior. Instituciones Cívicas y Civismo Internacional. Tercera edición. Editorial Voluntad, Bogotá, Colombia, 1968.

Camacho Carreño Manuel A. Urbanidad y buenas maneras. Undécima edición. Editorial Panamericana. Bogotá, 2004.

Camacho Carreño Manuel Antonio. Urbanidad y buenas maneras. Arreglado por él mismo para las escuelas de ambos sexos. Unica edición completa. Ediciones Universales-Bogotá.

Cortázar Robert. Instrucción Cívica. Editorial Voluntad. Novena edición. Bogotá, 1961.

García Monroy Ramón Alberto. Civismo. Cultura Jurídico-Política. Editores Cultural Colombiana Ltda. Bogotá. Colombia, 1972.

Guerrero de Burgos María. El Código del buen ciudadano. Libro Primer. Educación Cívica y Social. Editorial Andes. Bogotá, Colombia.

Muñoz-Aristizábal S.J. Nociones de Instrucción Cívica. Editorial Bedout, Sexta edición. Medellín, Colombia, 1963.

Osorio Quijano José Luis. Educación Cívica y Social. Susaeta. Ediciones & Compañía Ltd., Medellín, Colombia, 1982.

Posada Eduardo y Cortázar Roberto. Instrucción Cívica. Editorial Voluntad, Trigésima primera edición. Bogotá, Colombia, 1961.

Zúñiga Ana Eloísa. Moderno Manual de Etiqueta y Protocolo. Intermedio de editores, Santa Fe de Bogotá, Colombia, 1996.